関西学院大学研究叢書　第243編

企業リスクファイナンス

リスクマネジメントにおけるファイナンスの役割

前田祐治
Yuji Maeda

関西学院大学出版会

企業リスクファイナンス

リスクマネジメントにおけるファイナンスの役割

はじめに

　本書「企業リスクファイナンス──リスクマネジメントにおけるファイナンスの役割」は、私にとって4冊目の学術書となった。これまで「日本企業とキャプティブ保険会社」（共著、保険毎日新聞社）、「企業のリスクマネジメントとキャプティブの役割」（単著、関西学院大学出版会）、「ビジネス統計学」（監訳、丸善出版）以来の研究書である。

　本書は、関西学院大学経営戦略研究科において「ファイナンス」「リスクマネジメント」「統計学」そして「Business Analytics」など、教授として授業を行い、また研究してきたものをまとめた本である。

　「リスクマネジメント」は保険の知識、ファイナンスの知識、統計学の知識など幅広い知識と経験が必要な学問である。これらの幅広い知識をベースとして、「リスクファイナンス」といった知られていない分野を深堀して、全体的に統合した。

　幸いにも、ケンパー保険会社、マーシュ ジャパン、東京海上日動火災での保険とリスクマネジメントの実践での経験が本書では色濃く反映されている。特に、ケンパー保険会社（ランバーメンズ保険相互会社）とマーシュ ジャパンではリスクエンジニアとして技術的なリスクコンサルティング業務に関わった。日米で様々な企業を訪問し、大企業から中小企業まで、現場でのリスクコンサルティングの経験は学者としての現在の下地となっている。

　東京海上日動火災では、保険商品と保険実務について学んだ。保険商品、約款、査定、料率などを理解していないと、なかなか保険の本質や顧客のニーズが理解できないものである。ここで損害保険と生命保険を営業した経験は何物にも代えられない。本書では、リスクファイナンスの1つに保険があると議論しているが、東京海上日動火災での実務経験は非常に大きな貢献を本書に果たした。

　そして、滋賀大学と関西学院大学　経営戦略研究科（MBA）では、「統計学」「ファイナンス」の基礎と応用を教え、「リスクマネジメント」「Financial Risk Management」、そして昨年からは「Business Analytics（ビジネス分析論）」

を教えている。さらに、博士後期課程をも担当している。もうかれこれ 15 年くらい英語と日本語、両方で大学院の授業を担当していると、今までに見えていなかったものが見えてきたような気がする。

私の研究室の本棚には、これらの分野の書籍が 1,000 冊くらい並んでいるが、日本語と英語両方で読めると、知識の範囲も実地経験以上に広がったなと感じている。もちろん、授業で多くのゲストスピーカーを招き、学生と一緒に学んだことも本書の一部として参考にさせていただいた。ゲストの先生方には感謝である。

私の現代ファイナンスの教授歴は Indiana 大学での MBA（ファイナンス）を修了したことから始まっている。本書では Indiana 大学で教えてもらった先生方の知識（Winston 教授、Hettenhouse 教授など）と経験も継承して本書に反映した。また、2018 年に St. John's University で客員研究員として 1 年間在籍したときに、友人である Scordis 教授、Walker 教授、Kwon 教授また Brown 教授などの先生方からの教えも反映した。

本書のテーマ、「リスクファイナンス」は「コーポレートファイナンス」と重複するエリアであり、リスクをファイナンスするために根底には必ず企業ファイナンスの理論がある。

2013 年に第 1 冊目（共著）を刊行して以来、ずっとリスクファイナンスの本を書きたいと望んで研究してきた。そして、本日ようやく書籍として披露できることがとても嬉しく、感謝である。

本書のデザインについては、第 2 冊目と同様、大学時代の友人である土屋みづほさんが担当してくれた。感謝である。また、関西学院出版会の田中直哉さん、戸坂美果さん、浅香雅代さんには編集・出版において大変お世話になった。そして、これまで支えてくれた家族には大変感謝している。

2022 年 2 月吉日

　　　　　　　　　　　　　　　　　　　新月池のほとりで

目　次

第3章　保険によるリスクマネジメント ——————— 59

第4章　金利リスクのリスクマネジメント ——————— 79

第1章

リスクマネジメントと
リスクファイナンス

1 はじめに

『リスクファイナンスとは何であろうか？』 近年の金融工学の発展により、保険と金融市場を使った融合的なリスク移転プランが多数出現している。

本章では、現代の日本および欧米の企業リスクマネジメントの現状について論じ、リスクマネジメントとリスクファイナンスの違いについて、またそれらの諸問題について議論する。

2 企業リスクマネジメントを取り巻く環境

日本では、2006年5月施行の会社法で、大会社において内部統制システム構築の基本方針の作成を義務づけている。そのなかの「損失の危機の管理に関する規定」はいわゆる「リスクマネジメント体制」というものと解釈され、自社で発生する可能性がある多様なリスクについて、その発生を未然に防止するための体制や、発生した場合の対処方法を定めた社内規定の整備など、取締役会議で決議した項目の検討をすることとある。この項目でいう「損失の危機」とは、防災などの単なる危機管理ではなく、全社的リスクマ

ネジメント（ERM[1]）として、自社なりに定義することが望まれている。

　会社法では、資本金 5 億円以上または負債 200 億円以上を有する株式会社において、委員会設置会社、監査役設置会社を問わず、リスクマネジメント、コンプライアンスなどを含む内部統制の整備を要求している。

　上場企業が、事業年度ごとに作成することが義務づけられている有価証券報告書には、第 2 の 4「事業等のリスク」を記載する欄が設けられている。これは、2003 年に行われた「企業内容等の開示に関する内閣府令」の改正によって追加されたもので、2004 年 3 月期の有価証券報告書から開示が義務化された。これは、財務状態・経営成績・キャッシュフローの状況の異常な変動など、「投資者の判断に重要な影響を及ぼす可能性のあるリスク」を、一括して具体的にわかりやすく、かつ簡潔に開示することが目的とされたものである。このように日本において、上場会社などの会社では、「リスクマネジメント」を構築することは緊急の課題であるといえる。

　海外、特に欧米においてのリスクマネジメントは ERM が主流になりつつある。米国においては SOX（Sarbanes-Oxley Act）法による情報開示と内部統制の法制化の影響が大きい。St. John's University の Walker 教授の調査によると、ERM プログラムを導入した企業の多くは、規制当局の要求が理由で導入したということである。

　アメリカ証券取引委員会（米国 SEC[2]）の要望に応えた年次報告書（10-K）開示基準のリスクに関する部分は以下のとおりである。パート 1 の項目 1A における「リスク要因の開示」とは、その企業にあてはまる最も重要なリスクに関する情報であり、その重要度でリストアップする。項目 7 の「リスクをどのように管理するか、と財務内容の分析についての議論を行う」とは、たとえば、製造会社は商品の価格変動リスクに関して議論すること、国際企業は為替変動のリスクについて議論すること、金融会社は金利変動によるリスクを議論すること、そのほか競合他社の動向、経済低迷、法律や規制などの法令順守に関するリスクについて議論することなどを意味する。なお項目

1　ERM：Enterprise Risk Management　エンタープライズリスクマネジメントとは、企業を取り巻くリスクのすべてを包括的または統合的に管理することをいう。

2　米国 SEC：U.S. Securities and Exchange Commission

7のＡには「金利、外国為替、商品価格や株価変動などによる市場リスクについて定性的で定量的な情報開示を行う」。SOX法ではCEOとCFOが内部統制報告書と情報開示が正確であり、完全であることを認証するように求め、その罰則も規定されている。

　たとえば、CEOやCFOは、リスクに関する情報が不正確で不適切なものであると、法令順守違反であるとして監督当局から厳罰や改善命令が出る可能性が高い。また、株主からクラスアクションなどの訴訟リスクを負う可能性も出てくる。したがって、リスクマネジャーは危機につながる可能性があるリスクにもれがないように開示するし、経営トップもリスクマネジメントにコミットするといった行動をとらなければならない。よって経営者が深く関わるリスクマネジメントは、戦略的でかつ積極的なものである。

3　リスクファイナンス

　多くの日本企業は、「ファイナンス[3]」と「アカウンティング[4]」の違いを理解していない。多くの日本企業内で「ファイナンス部」という名前の部署があるが、多くは、「お金を扱うところの部」という理由で名づけている。むしろ「アカウンティング部署」とした方がいいだろう。一方、欧米企業では、ファイナンスは戦略的なものである。つまり、ファイナンスは将来を扱う分野であり、過去のビジネスの状況を数字で表した「アカウンティング」とは明らかに役割が違う。そこで、欧米企業ではこの「アカウンティング」に相当する役割を「コントローラー」とよんでいる。

　欧米企業のいうファイナンス部は、企業の戦略を扱う部署である。お金の調達（株式増資、債券発行、IPO、Ｍ＆Ａ）にはじまり、プロジェクト評価、企業価値評価、将来の財政面での施策、キャッシュマネジメント、リスクマネジメントなど幅広い役割を担う。よって、この本のテーマであるリスク

3　Finance：日本語では財務と訳すが、現代ファイナンス理論では、戦略的な意味合いが強い。
4　Accounting：日本語では会計と訳すが、この場合、財務会計を意味している。

ファイナンスはファイナンス部の下に属し、戦略的なものと位置づけられる。

　一方、日本企業でリスクマネジメントを行っているのは多くは総務部である。その理由は、リスクマネジメントは一般的に雑務の１つと考えられているからである。あるいは、総務部は、保険を扱うことからリスクマネジメントを行っていると考えられている。よって、「リスクマネジメント＝保険マネジメント」という位置づけがなされているのである。まったく戦略的なものとは異なっている。戦略的でないものに、社長や経営幹部がコミットメントするであろうか？

　前節で、リスクマネジメントは企業の戦略に深く関わると論じた。必要とされているリスクマネジメントは、保険と同じと考える見解とはまったく異なる。企業は、自発的で積極的なリスクマネジメントを求められている。日本企業のリスクマネジメントは、この点で大きな遅れをとっているといえよう。しかし、会社法や上場（コーポレートガバナンスコードなど）で要求されるレベルが高まっている今、日本企業はリスクマネジメントを向上させていかなければならない。

　リスクマネジメントに関わるファイナンスは、一般的にリスクファイナンスとよばれている。リスクファイナンスとは、組織が財物、収益、賠償責任、個人の偶発的な損害に対する補償のため、備金の調達や使用をマネジメントすることである。つまり、リスクファイナンスは、第１に、損害が起こる前に計画し、準備すること。第２に、実際に損害が起こった後に、補償のために、その備金から金銭を支出し、または支払いをコントロールすることである。

　リスクファイナンスは、キャッシュフローの変動を許容内に抑えるための備金形成、または、損害を補償する備金を準備する意識的な行動をする意思決定、または、それをしないという意思決定するプロセスである。残念ながら、日本において、リスクファイナンスという言葉は馴染みが薄いのではないだろうか。

　リスクマネジメントの一般的な教科書には、リスクに対応するための施策として２つの施策、つまり「リスクコントロール」と「リスクファイナンス」がある。

「リスクコントロール」とは、たとえば、リスク回避、防災、損害規模の軽減策、リスク分離、バックアップ体制の構築、リスク分散などがある。一方、「リスクファイナンス」は 2 つに分類され、「リスク移転」と「リスク保有」がある。「移転」とは、主に保険や金融派生商品であるデリバティブを使ったヘッジ手法などがそうである。また「保有」とは、意識的にリスクを自社で処理をすることである。我々は、この保有を「自家保険」とよんでいる。

　リスクファイナンスという言葉の起源は、自家保険が注目された 1980 年代に遡る。1980 年代から、米国企業では保険の高額免責[5]が一般的になった。そして、免責部分をファイナンスする手法として、目的会社「キャプティブ[6]」の設立が積極的に行われる。キャプティブ設立を契機として、欧米企業のリスクマネジメントは重要度が増して、発展していった。現在、世界中に 7,000 社を超えるキャプティブ保険会社が存在しているが、そのほとんどは欧米の企業が設立したものである。また、そのうち日本企業が設立したキャプティブは、100 社程度だといわれており、欧米と比べて圧倒的に少ない。

4　保険の限界

　18 世紀のスイス人数学者ベルヌーイの提唱する「ベルヌーイの定理」によると、『保険を購入する期待効用点は、保険を買わない期待効用点よりも高いので、保険料＝損害期待値であると仮定した場合、リスクを避ける人は保険を買うという行動をとるであろう』。

　しかし、ベルヌーイの定理を成立させない問題が 2 つある。1 つは「モラルハザード」であり、もう 1 つは「逆選択」の問題である。

　保険は、個人または企業から保険会社へのリスク移転手段である。保険に

5　財物保険の High deductible plan や賠償責任保険の Self-insured retention などの免責部分を自家保険という。

6　キャプティブとは、非保険会社が自分の子会社として保険会社（キャプティブ）を設立し、自社のリスクをファイナンスする自家保険の 1 つである。

よりリスクを移転した個人または企業経営者は、自分にとってリスクがない状態になることにより、その行動は変容する。保険を購入した後、企業がリスクを軽減しようとする動機づけがなくなり、リスク軽減策を怠るのである。この行動の変容は、保険を引き受けた保険会社にとって大きな問題であり「モラルハザード」とよんでいる。期待効用仮説において、この「モラルハザード」により「ベルヌーイの定理」は成立しない。

「モラルハザード」の問題を軽減するために、保険会社は保険に免責の設定をすることで、保険金の一部を被保険者が負担することや、「共同保険」とよばれる保険によって、保険金を、保険会社と被保険者が分担する仕組みにすることで、被保険者にリスク負担の一部を継続してもらう。また、遡及型保険料算出保険[7]や、経験勘定方式保険[8]などによりモラルハザードの問題を軽減することも可能である。

次に、「逆選択」の問題について考えよう。競争市場の原理・原則は、売り手と買い手が「情報の対称性（Symmetrical Information）」をもつことを前提としている。つまり、売り手と買い手のもつ情報がすべて開示され、共有されることである。現代ファイナンスにおける「効率的な市場」とは、この原則、つまり完全に情報が開示された市場が成立するとの仮説に基づいて論理展開されている。しかし、現実には市場は非効率であり「情報は非対称（Asymmetric）」なのである。たとえば、一般的に売り手は、買い手よりも、その商品についての情報をより多くもっており、売り手はもっている情報を利用して買い手から利得を得ようとする。この問題を「逆選択」の問題とよぶ。

「逆選択」の問題について、保険の場合を考えたとき、保険を購入する被保険者は、保険会社よりも、自身のリスクについて情報をより多くもっている。この保険会社と被保険者との間の「情報の非対称性（情報が同じでない）」が、保険市場に大きな影響を与える。その理由は、被保険者は、自身がもつリスク情報を利用して、数理的に計算された損害の期待値よりも安い保険料で保険購入しようとするからである。その結果、高いリスクの人が、

7　保険契約期間における実際の損害率により、事後に保険料を決定する保険契約のこと。

8　契約者の過去1年間の損害履歴をみたうえで、保険料を決定する保険契約のこと。

低いリスクの人よりも、保険を利用しようとする傾向にある。これにより保険料が高くなり、低いリスクの人が市場から去っていく。この現象が保険における「逆選択」の問題なのである。

　この「逆選択」の問題を軽減するため保険会社は、被保険者に関する情報をできるだけ多く、保険会社に開示させようと努力する。そこで、保険会社は、被保険者のリスクレベルに適した「リスク細分化商品」などを提供しているのである。最近では宣伝されないが、日本の保険会社は自動車保険の細分化商品を売り出している。たとえば、自動車保険の等級制度は「逆選択」を起こさない典型例である。

　保険が問題なく提供されるには、「対数の法則」が成立し、被保険者から保険会社に「リスク移転」が行われ、保険会社において「リスクの集積」と「リスクの分散」が行われることが必要とされる。集積されるリスクは類似でなければならない。個人の保険にはこの原則があてはまる。

　保険は、偶然で、突発的な事故また外来の事故の補償を提供するという原則に基づくものである。地震や洪水などもこの原則によると補償されなければならない。しかし、1 回の地震により、多くの対象が同時に損害を被ることが考えられる。保険会社 1 社では、大災害級の被害を担保する能力がない。よって、日本の地震保険などは、日本政府が保険会社として役割を担い、再保険者として地震リスク（個人部門のみ、企業分野は民間保険のみ）を担保している。しかし、1 回の地震で担保する限界は 12 兆円[9]と規定している。

　企業分野では、各企業間のリスクの類似性が乏しいため、保険会社による保険引き受け（アンダーライティング）と、リスクエンジニアによるリスク評価に基づいた保険料が算出され、保険会社間で保険料にかなり違いがみられる。また、企業の事故率が悪いと、保険の引き受け拒否や保険料上昇といった対応策が、保険会社によってしばしば行われる。企業分野においては、安価で安定したリスク移転は比較的難しい。このように保険には限界がある。

9　この 12 兆円（2021 年 4 月現在）は阪神・淡路大震災時の 3 兆円から上げられたものであるが、阪神・淡路大震災時や東日本大震災時にも限度額を上回ったことはない。

5 日本人の保険好き

『日本人は保険が好き』とよくいわれる。日本の保険業界は保険料収入で
みると、2017年度の統計では、損害保険分野では米国、中国に次いで世界
第三位、生命保険では米国に次いで第二位である。また、日本の生損保を併
せた収入保険料では世界保険料収入の10%を占め、世界第二位（米国が第一
位）である。

　企業分野においても保険好きという傾向がみられる。日本企業では、『リ
スクマネジメントは保険マネジメントである』という意識が強い。その理由
は系列を重んじる企業文化による、保険会社との密接な資本関係と相互依存
のためである。

　系列やグループ企業は、同グループに属する生損保に保険を委ねている
ケースがほとんどである。そして、大手の日本企業はいわゆる機関代理店と
よばれる企業内代理店をもっている。この機関代理店は、親会社からの出向
社員と保険会社からの出向社員で組織が構成されているケースが多い。機関
代理店は、企業と資本提携関係にありながら、保険会社の代理をしていると
いった矛盾のなかで営業をしている。代理店は、保険締結に対して、一般的
に、10%から20%の販売手数料をとるので、機関代理店をもつことは、企
業の支払った保険料の一部が、グループ内に還元されるといった仕組みなの
である。つまり、企業グループ全体でみると、販売手数料の分だけ保険料の
割引が行われていることになる。しかし、機関代理店は保険会社の代理店な
ので、保険契約に関わるトラブルや過失責任は保険会社が負う。このような
機関代理店を使った保険料割引システムは欧米にはみられない。

　このような保険会社と企業の相互依存関係のため、保険会社と企業の関係
は長期的で緊張感のない状態が保たれてきた。保険会社と企業は資本関係に
あり、長期で継続的な関係があるので、企業分野では保険会社間で競合がほ
とんどなかった。結果として、保険の付加費（営業費と手数料）は高止まり
しているのである。

　たとえば、日本は付加費が2017年度は34.9%もあり、世界の平均28%と

比べて非常に高い。保険会社のコンバインドレシオ[10]（損害率と付加費率との合算）は日本が88.4％と世界の平均91.8％と比べて低い。この数字が示唆するのは、日本の保険会社は世界の保険会社に比べて利益率が3.4％も高いということである。よって、筆者は、日本においては、企業の保険料は下げる余地があると考えている。

　また、日本企業が保険を購入する際、免責金額が非常に低く設定されるケースが多い。保険会社も免責金額ゼロを勧めるのであるが、日本の企業または日本人は免責金額がない方よいと考えている傾向がある。せっかく保険に入るのであるから、事故があったときに負担がない方がよいと考えるのである。

　しかし、一般の個人なら少額の負担を嫌うのは理解できるが、企業は免責ゼロの保険は効率的ではない。保険会社は免責を設定することで、「モラルハザード」や「逆選択」の問題の低減が図れる、また、少額損害に対してコストや人的資源をかける必要がないメリットがある。そして、被保険者である企業は、少額損害による財務的な影響はほとんどなく、むしろ免責を高く設定することで保険料の大幅な削減も期待できる。

　この保険料軽減効果の理由で、欧米の企業保険では高額免責を設定する傾向にある。保険契約に免責を50万ドル（約5000万円）や100万ドル（約1億円）に設定することはよくみられる。このような高額免責で、企業は保険料を大幅に軽減することができるし、その保険料軽減分を、上の部分（超過保険[11]）に、必要な高額の補償にあてることで、財務危機や倒産のリスクヘッジすることができる。何よりも、保険プログラムを効率的に運用できる。

　欧米企業のリスクマネジメントと保険に関しては、専門職としてのＣレ

10　Combined ratio：コンバインドレシオとは、損害率と経費率の合算により計算される比率である。これは保険会社にとって非常に重要な指標であり、保険ビジネスで利益が得られたかを示している。この指標が100％以下であると保険会社は保険業で利益を得ており、100％以上だと保険業では利益を得ていないことになる。欧米の保険会社は、この指標が100％を超えることがしばしばみられる。しかし、それでも投資運用益により全体としては利益を確保している。

11　Excess insurance：超過保険といい、高額な保険金額の上層部の保険である。

ベルのリスクマネジャーが必ず存在する。リスクマネジャーは、保険締結に際しては、独立した保険ブローカーをアドバイザリーとして使うのが一般的である。保険ブローカーは、企業にとってのリスクコンサルティングの役割を担う。

保険ブローカーは専門職であり、保険締結に関して顧客の代理人または保険会社との仲介人として業務を行う。様々な保険会社と保険料や条件などを交渉し、顧客にとって最も効率的で効果的な保険締結を行うことが求められる。ブローカー業務以外にもクレームサービス、エンジニアリングサービス、キャプティブマネジメント、アクチュアリーなどの付加サービスも行っている。たとえば、保険締結において過失があった場合、保険ブローカーは専門職賠償責任を負う可能性がある。したがって、倫理的で専門的な責任が課せられるのである。

一方、日本企業には欧米でいうリスクマネジャーは多くはみられない。日本企業では、総務部や経理部が保険の管理業務を行っていることが多い。よって、保険がリスクマネジメントであるとの意識が強く、保険に依存したリスクマネジメントが長期的に継続してきたのである。結果として、自社でリスクマネジメントを行う能動的な部署に発展しなかった。

6　保険リスクのデリバティブと証券化

保険は損害に対して保険会社が補償する契約であるが、これとは違ったリスクヘッジ手法が、金融派生商品、デリバティブである。つまり、先渡契約、先物、オプション、スワップなどである。保険とデリバティブは特性も契約形態も違うので相違点をあげると表1-1のようになる。

12　C レベルとは CEO、COO など C がつく役職で、CRO（Chief Risk Officer）などは C
　　レベルのリスクマネジャーである。
13　防災技術をコンサルティングするサービスである。
14　Actuary：保険数理士のこと。

表 1-1　保険とデリバティブの違い

	保険		デリバティブ
1	リスクの移転。	1	リスク移転ではなく、損害をデリバティブの利得で相殺できる。
2	実際の損害を補償する。	2	資本市場の資金力は膨大である。
3	オフバランスである。	3	流動性が高い。
4	保険料は経費あつかいである。	4	利得を得ることがある。
5	保険会社の支払い能力に頼る。	5	支払いは早い。
6	損害がなければ保険料は戻らない。	6	ベーシスリスクが残存する。
7	保険会社の引き受けに制限がある。	7	短期的な契約しかできない。
8	保険金の支払いが複雑である。	8	リスクコストは比較的高い。
9	リスクコストは安い。		

　一番の違いは、保険は「ダブルトリガー[15]」で支払いが行われ、デリバティブは「シングルトリガー[16]」である点であろう。「ダブルトリガー」では、2つのトリガーが保険金支払いの要件になり、「事故発生」だけでなく「損害発生」の2つが必要である。一方、デリバティブは「事象の発生」のみが支払いの要件となる。そのため、デリバティブでは「損害」が発生したにもかかわらず、デリバティブからの収入が十分なものでないケースや、デリバティブからの収入よりも損害の方が小さいといった「ベーシスリスク[17]」が残存する。

　また、これらは監督・規制に関しても大幅に異なる。保険会社は金融庁による厳しい監督の下、保険商品の認可などには煩雑で複雑な手続きが必要であるが、デリバティブの開発・販売は、比較的規制が緩い。これはデリバティブがプロ（専門家）を対象としているためである。

　この規制の違いが問題化したのは、2008年に起きた「リーマンショック」であった。AIGのFinancial Product部門が組成したCDS（クレジット・デフォルト・スワップ）は信用リスクを補償したデリバティブであった。実際、非

15　Double trigger：支払いの要件が2つあること。

16　Single trigger：支払いの要件が1つだけのこと。

17　Basis risk：ヘッジの対象となる指標と企業の損害が完全に相関しないために起こるリスクである。

常に類似した保険商品に「信用保険」があり、AIG も保険部門では同保険商品を取り扱っていた。当時、サブプライムローンの信用保証をリスクが高いとして保険会社では引き受けていなかった。

しかし、CDS はサブプライムローンを含んだ CDO[18] の保証として 2000 年当初から多くの CDO の信用保証をした。結果、「リーマンショック」により AIG は倒産の危機に遭い、最終的にアメリカ政府により救済されるという事態になった。保険では健全だったが、デリバティブで危機に瀕した AIG は、多くの米国民から非難を浴びた。

CDS 以外にも天候デリバティブ、地震オプションなどは日本を含めた世界中で数多くの契約がされている。これらの金融派生商品は、投資家にとって、保険よりもわかりやすい、データが客観的に理解できる、支払い事由や金額が明確であるなどの利点がある。

1990 年以降、保険デリバティブ以外にも、保険リスクを保険以外の金融手法でリスクヘッジする商品が数多く開発されてきた。「ファイナンシャル再保険」とよばれる「ファイナイト」は、借り入れと保険を融合した長期の金融取引である。また、災害時にのみ特別融資ができる「コンティンジェント・デット（Contingent Debt）」など、保険化が難しいリスクを金融市場が補おうとしている。

さらに、大災害証券（CAT ボンド）の発展は目覚しい。2014 年度の CAT ボンドに代表される保険リンク証券が 62.19 億ドルと過去最高の発行高を記録した。2005 年までは、発行額は 10 億ドルもなかった。この増加の理由は、世界的に低金利のなか、投資家にとって保険リンク債券は相対的に利回りが高く、保険リスクは市場リスクとの相関が低いという「リスク分散の効果」が高められるからである。

このように保険を補完する金融商品が数多く開発され、購入されている。2000 年代当初は、これら保険リスクを金融処理する手法を悪用するケース[19]

---

18 Collateralized Debt Obligation：債務担保証券（CDO）のこと。

19 オーストラリアの大手の保険会社 HIH は、ファイナイトを悪用したことで倒産している。また、AIG は再保険会社とのファイナイト契約で不正をしたとして、司法から訴追された。

や、リーマンショックでデフォルトを起こした保険補償付き債券もみられたが、今では保険市場を補完するほどのキャパシティ[20]を提供する存在となっている。

7　リーマンショック ——リスクマネジメントの危機

2008 年に起こったリーマンショックにより、世界の金融機関は危機に見舞われ、金融以外の自動車産業などの製造業にまでその影響が及び、不況が全世界を覆った。リーマンショックの詳細をみていくと、リスクマネジメントについて今後の課題が明確になる。

7.1　ハイリスク・ハイリターンの原則

「サブプライムローン」は「プライムローン」と何が違うだろうか？　個人が住宅ローンを契約するとき、貸し手の銀行は借り手である個人の収入や雇用先などの信用情報を、できる限り入手しローン審査を行う。信用リスクが高い個人については、ハイリスク・ハイリターンの原則に従って、高い金利が設定される。また、金利と元本の返済を保証するために、借り手は生命保険、信用保証保険、火災保険に強制的に加入させられ、さらに、土地や家屋が銀行の担保になるのが常である。銀行は、個人の信用リスクをヘッジするために、二重にも三重にも対策をとっているのである。

2000 年以前は、銀行は一般的にプライムカスタマーとよばれる優良顧客しか相手にしなかった。この「プライム」つまり信用リスクが低い、収入が安定している個人に適用されるのが「プライムレート」とよばれる金利レベルである。

1900 年代は、モノライン保険や信用保険が専門の保険会社が、住宅ローンの補償を提供し、さらに被保険者の信用リスクの監視役でもあった。この

20　損害支払い能力をキャパシティとよぶ。

ころは、まだ「ハイリスク・ハイリターン」の原則は維持されていたのである。銀行の信用調査も厳しいものだった。

7.2　サブプライムローンの登場

米国政府の景気刺激策である「ゼロ金利政策」は、銀行の態度に変化を与える。「ゼロ金利政策」で、金余り現象が生じ、銀行は低金利で得た資金をまずはプライム顧客に提供した。後に、そのプライム市場が飽和し、さらに「サブプライム」である劣等顧客にまで広げ始めた。元来、「サブプライム」な顧客は、銀行がお金を貸さないほど信用リスクの高い個人であり、返済ができない可能性が非常に高い。こういった状況に合わせるように、米国では地価高騰が始まっていた。そのころフロリダ州やカリフォルニア州は、地価高騰によるバブルだといわれ始めた。

このサブプライムの顧客にローンを提供するために、銀行はいろいろな施策を施した。銀行は、高い信用リスクをリスクヘッジするため、サブプライムローンの「証券化」を行う。1900年後半はTechバブル[21]が起き、それを伴う金融工学が発達したことで、Securitizationとよばれるキャッシュフローの証券化が始まった。たとえば、自動車ローン、住宅ローン、売掛金、家賃、オフィスの賃料、消費者ローンなどが証券化の対象になり、債券として投資家に売られた。

住宅ローンの証券化商品である、MBS[22]、RMBS[23]などの債券を補償する保険会社は、ボンド保証保険[24]を提供し、実質、証券化金融商品のリスクの担い手となった。しかし、保険会社は、その引き受けにあたって厳しい引き受け基準を設定し、リスクに見合った料率算定を行っていた。図1–1はMBS、RMBSの仕組みである。

このように、証券化により、銀行は高い信用リスクを投資家にリスク移転

21　Tech Bubble：インターネットの発展やパソコンなどのデジタル技術が向上した。

22　Mortgage Backed Securities：ローン債券。

23　Residential Mortgage Backed Securities：住宅ローン債券。

24　Bond insurance：ボンド保証保険。

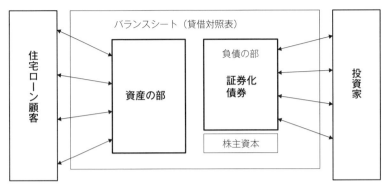

図1-1　MBS、RMBS の仕組み

　することが可能になり、一時的で高額なキャッシュを得て、さらに管理運営するためのフィーを定期的な収益として得ることができるようになった。銀行が本来のリスクテーカー[25]から、フィービジネスに傾倒していったのである。

　さらに、証券化により、ローンを売却しオフバランスできたことは、銀行のバランスシートの健全化に貢献した。特に、時価評価を基本とする国際会計基準により、バランスシートが市場により価値変動することから、このような高い価格変動のリスクを「オフバランス[26]」することは、安定した銀行経営に寄与した。

　サブプライムローンの証券化により、信用リスクの心配をする必要がなくなった銀行は、サブプライムローンの営業を活発に行った。たとえば、「バルーンローン[27]」を使って推奨している。「バルーンローン」とは、金利を最初の数年間低利に抑えることでローンを契約しやすくする。しかし、その後金利がバルーンのように高利になり、それが満期まで継続される。日本でもこのような仕組みは、以前、住宅金融公庫が提供していた。

　それでも利払いが困難になった顧客には、「Home Equity Finance」を奨励した。「Home Equity Finance」とは、住宅と土地を担保にして追加のローン

25　Risk taker：リスクを引き受ける会社のこと。

26　財務諸表の貸借対照表から除くこと。

27　Balloon loan

契約することである。当時、土地と住宅の価格が高騰していたので、この追加契約が可能になったのである。この状況は、1980 年から 1990 年代の日本のバブル経済時、「土地ころがし」や、銀行が闇雲に、顧客にローンを契約するように奨励していた状況と非常に酷似している。

7.3 悪から良を生み出す CDO の登場

米国において、2000 年初めは、企業不祥事が多発する。Worldcom や Enron のように会計不祥事から企業が倒産するケースが多発し、企業統治の法制化のために、米国では 2003 年には SOX 法[28]が施行される。

同じころ、サブプライムローンの証券を他の証券化商品[29]と混合して新たな債券を発行するという Collateralized Debt Obligation、略して CDO が組成され投資家に販売された。図 1–2 はその仕組みである。

CDO の問題は、様々なリスク債券を混合し、その後リスクレベルを 3 つくらいに分割し販売することで、金利が低いが高格付けの AAA（トリプルエー）から、金利は高いが低格付けの債券まで、投資家のリスク趣向に応じて販売したことにある。

たとえば図 1–2 の CDO のバランスシート（貸借対照表）では、資産の部

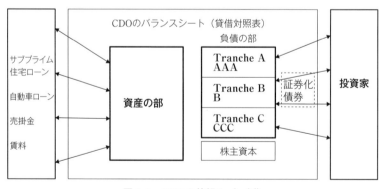

図 1–2　CDO の仕組み（一例）

28　Sarbanes-Oxley Act.
29　たとえば自動車ローン、売掛金、オフィス賃料などの証券化商品。

にサブプライム住宅ローン、自動車ローン、売掛金、賃料などを含む様々な
キャッシュフローを生み出す資産があり、負債の部には、投資家に販売した
債券がある。図1-2の例では、3つのリスクグループ、Tranche A, Tranche B,
Tranche C に分割して証券化されている。

　ここでは、返済の優先順位は、Tranche A が一番高く、次に Tranche B そ
して Tranche C である。格付け会社により、たとえば、Tranche A には「AAA
（トリプル A）」が、Tranche B には「B（シングル B）」が、Tranche C には「CCC
（トリプル C）」といった格付けがなされた。「ハイリスク・ハイリターン」の
原則により、信用リスクが低いので金利は Tranche A が一番低く、Tranche B
が次に、信用リスクの高い Tranche C には高い金利が設定された。また、一
番優先順位の高い Tranche A には元本が保証されることも多かった。このよ
うな劣後債を設定することを、信用リスクの「Subordination」という。リス
クレベルを、トランシエ（Tranche）数個に分けて債券化する金融商品は、
1990年代から頻繁に行われていた。一般的な債券の「AAA」よりも、少々利
回りが高くしかも格付けが同じ「AAA」ということから、多くのプロ投資家
は証券化商品に投資したのである。

　CDO は、保険付きの債券と保険なしの債券が混合して組成されており、
その意味で CDO に投資する投資家は補償の有無をあまり問うことがなく
なっていった。そしてボンド保険が影を薄め、次第に債券市場から駆逐され
ていく。2004年には CDO 投資家は、サブプライムローンが含まれている債
券の主要な信用リスクテーカーとなる。しかし、CDO へ投資するプロ投資
家がサブプライムローンのリスクを十分認識していたかは疑問である。

　たとえば、リーマンブラザースの社内では、オリジネーターとなり証券化
をする部門と、CDO を積極的に購入するヘッジファンドが両方存在し、情
報の共有はされなかった。リスクを除去したはずの投資銀行が、一方で、同
じリスクを引き受けていたのである。このような非合理な状況が生じた事実
から、リーマンブラザース社内でリスクマネジメントが適切に機能していた
とは考えられない。

　また CDO の債券を集めて、第二の CDO を再生する CDO＋のような債券
も出回るようになった。このころになると、このような高リスクの債券に、

保険デリバティブを補償として提供する AIG のような保険会社が現れる。
「補償が提供されているから大丈夫」といった投資家のリスクを直視しない
姿勢は、明らかに問題を大きくした。

7.4　AIG（American International Group）

　日本においても、損害保険と生命保険を営業している AIG は、当時、世
界で 11 万 6000 人の従業員を抱え、130 もの国で営業を行い、7400 万人もの
顧客に保険と金融サービスを提供する大企業であった。売上高 110 billion 米
ドル、1 trillion 米ドルを超す資産を有する AIG は、52 billion 米ドルの損害
保険事業と 54 billion 米ドルの生命・退職金保険、ファイナンスサービス、
投資信託サービスを提供する大企業であった。グループ傘下には、AIU 損害
保険会社、アリコ生命保険会社（後に Metlife に売却）、American Home 損害
保険会社、AIG エジソン生命保険（後に Metlife に売却）、AIG スター生命保
険会社（後に Metlife に売却）、富士火災海上保険、AIG 投資信託をもってい
た。

　AIG のルーツ会社 AIU（American International Underwriters）保険会社は、
1919 年に中国の上海で保険代理店として設立された。1962 年に Maurice
Hank Greenberg が社長になり、1967 年に AIG と法人登記された。その後、
1969 年に上場し、1984 年にニューヨーク証券取引所にも上場された。

　1980 年代、投資銀行の Drexel Burnham Lambert（1990 年に倒産）で複雑な
デリバティブ取引を専門にしていた Howard Soin と Randy Rackson は、当時
「AAA」格付け会社である AIG とパートナーを組むことで、利益の最大化が
できると考え、AIG に入社し、AIG Financial Product を立ち上げた。その部
門では、彼らは自らの裁量で仕事をすることができ、生み出した利益の大半
を自身の利益とすることができた。

　当時、Maurice Hank Greenberg は以下のようなコメントを発表している。
『AIG 収益のリスク分散するために、同社の「AAA」格付け、強い資産ベー
ス、リスクマネジメント技術を活用し、様々なビジネスチャンスを求めてい
く。同時に、知的人材などの資源を利用して、リスク分散を管理・運営して

いく』。これが AIG FP の設立の目的であるというのである。

　AIG FP は、設立当初の 6 か月で、6000 万米ドルもの収益をもたらした。1994 年には、Joseph Cassano が COO（Chief Operating Officer）に任命される。その年、125 人の従業員で 1 億米ドルもの収益をあげている。2001 年には、消費者ファイナンスビジネス（American General Corp.）に進出する。

　しかし、2000 年初期には、米国 SEC が、AIG の保険と金融商品の融合ビジネスにおいて、数々の不正を行っているとして調査を行った。2005 年には、AIG の格付けが「AAA」から「AA」に引き下げられる。この引き下げにより、企業価値がおよそ 40 billion 米ドルも低下した。同年、Greenberg が辞任する。

7.5　Credit Default Swap（CDS）——クレジット・デフォルト・スワップ

　CDS は、機能的には、信用保険（クレジットインシュアランス）と同じである（図 1–3）。違いは、信用保険は保険商品であり、CDS はデリバティブ商品であることである。CDS は、ローン資産の借り手の返済不能や CDO のような複数のローンの返済が滞る事象が発生することがトリガーになり、その返済金を補償する金融派生商品である。保険料は、負債元本のベーシスポイントで設定される。

　たとえば、1000 米万ドルの元本の補償で 120 ベーシスポイントが保険料だとすると、年間の保険料は 1000 万 ×120bp×（1/100）=120,000 米ドル（4 半期で 3 万米ドル）といった規模である。保証期間は 1 年から 10 年まで、平均すると 5 年満期のものが典型であった。

　CDS の起源は、1990 年代半ば、JP モルガン投資銀行が、特別目的会社を使って CDS を組成したのが始まりである。この金融派生商品は、2001 年には 631 billion ドルの売り上げにまで成長した。2002 年には、投資情報提供会社である Bloomberg が CDS の価格形成ツールを開発し、サーベイデータをもとに、実際の CDS の売上高を公表している。

　2004 年には、サブプライムローンの信用リスクのリスクテーカーは、ボンド保険ではなく、CDS に取って代わっていた。そして、2007 年には CDS

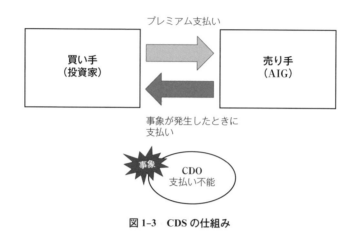

図 1-3　CDS の仕組み

の取引量は 62 billion 米ドルにまで成長していた。ちなみに、この市場規模は当時の世界の総生産額 54 billion 米ドルよりも大きい。

7.6　CDS の問題点

　当初 CDS の販売には、担保として準備金の要求はなかったが、のちに担保が要求されるようになる。販売者にとっての大きな販売動機は、CDS が保険商品と違い規制の対象外であったことである。そして、CDS は全デリバティブ商品の 14％ にまでシェアを拡大していた。さらに、全 CDS の約 90％ はいわゆる「Naked Swaps」とよばれるもので、資産をもたない投資家による投機的な投資であった。

　そのような状況下で、AIG FP は、1998 年にはじめて CDS 市場に参入した。初期の CDS はリスクヘッジが目的の取引であったが、次第に投機の対象へと変化していく。

　当時、ペンシルベニア大学 Wharton ビジネススクールの教授でエコノミストの Gary Gord は、モンテカルロシミュレーションにより計算した結果、99.85％ の確率で、CDS からの補償のための支払いはないと断言している。しかし、過去のデータが乏しいなか、そのモデルが、現実を反映していたかは、はなはだ疑問である。

2002 年、AIG は、CDS により 25 billion 米ドルをもリスクを抱えており、これが 2007 年には 527 billion 米ドルにまで膨れ上がっていた。多くの CDS はヘッジ目的でなく投機の対象となっていた。2005 年には、AIG の格付けは「AAA」から「AA」にまで下降している。同年の Greenberg の辞任は、AIG FP の暴走に拍車をかけた。

そのころの住宅ローン債券は、政府機関の Fannie Mae や Freddie Mac のような会社から保証を受けておらず、ほとんどが CDS へと置き換わっていた。また、住宅ローン証券化による債券は、全住宅ローンの 29％にまで拡大し、2003 年度の市場シェアの倍にまで拡大していた。これらは CDO により再パッケージ化されていた。そして、「Subordination」の手法により、リスクレベルに変化をつけて、AAA と格付けされた債券が組成されていったのである。当時、AIG の抱える CDS の総額は 80 billion 米ドルであった。

7.7 AIG と Price Waterhouse Coopers との確執

AIG の監査法人である Price Waterhouse Coopers（PWC）社は、AIG FP の内部統制システムと価値計算の手法に対して、懸念を表明した。2008 年、PWC の監査結果として、『AIG はリスクマネジメントに関して大きな弱点をもっているかもしれない』と表明したのである。

この PWC の表明により、AIG は、その年 4.9 billion 米ドルもの損失計上を余儀なくされた。格付け会社からは「ネガティブな格付見込み」と烙印をおされ、AIG 株価は 44.82 ドルから 5.86 ドルへ急下降した。Cassano は責任をとって COO を辞任したが、引き続きコンサルタントとして、月に 100 万ドルもの報酬を得ていた。

2008 年 5 月、さらに 8 billion 米ドルの損失を計上する。同年 6 月 15 日、CEO の Sullivan が辞任する。この時、損失の計上は総額 25 billion 米ドルにもなっていた。同年 9 月 15 日、AIG の格付けが 3 段階下落すると、CDS に対して総額 14.5 billion 米ドルの担保を要求された。

結果として、AIG の公的救済が Federal Reserve Board により決定される。Federal Reserve Board は 85 billion 米ドルの貸付を AIG にすると同時に、米

政府が79.9％の株を保有することになった。結果として実質的に AIG は国有化された。社長の Willumstad は辞任し、Edward Liddy が CEO に任命される。AIG は『倒産させるには大きすぎる（Too big to fail）』と米国政府により判断されて救済されたのである。

7.8　モラルハザードの問題

リーマンブラザースの破綻に対しては何も救済の手を差し伸べなかった米国政府は、税金を資源とした資金を注入することで AIG を救済し、国有化した。リーマンの前には、ベアスターンズが同じような状況に陥ったが、JPモルガンとの合併を斡旋することで救済の道をつくり、メリルリンチも Bank of America との救済合併により破綻を逃れた。

ここでモラルハザードの問題が提起される。ある銀行は救済され、ある銀行は破綻させられる。救済の基準とは何であるか？　米国政府は、AIG の救済は、世界の一般顧客を守るための保険会社の救済だと説明したが、明確な救済の基準が示されたことはない。救済された金融機関は、『大きすぎて倒せない』という概念から、今後過剰なリスクを引き受ける決断を加速させるかもしれない。なぜなら『究極的には政府によって助けられる』との認識が働くからである。これもモラルハザードの問題である。

7.9　リーマンショックを招いた原因

リーマンショックを招いた外部要因には、次の5点が指摘されよう。まず1つ目に行政による監督・規制の問題点である。日本も例外ではないが、1990年から2000年当初にかけて、「規制緩和（Deregulation）」の名の下に金融行政は大幅に緩和された。その過程で、CDS は規制の対象から外れたのである。これにより、同じリスクに対する補償金融商品に規制の違いが生じた。保険と定義されれば規制の対象となり、デリバティブだと規制から外れるという違いである。また、中央銀行による「ゼロ金利政策」により、債券、

ローンなどのレバレッジ効果を目論んだデットファイナンス[30]が、活発化した環境も指摘されよう。

　2つ目に会計基準の変更である。2008 年 1 月 1 日に施行された FAS157 は、金融資産や負債の会計を時価評価に変更する大きな変化である。銀行経営は、この変更により、さらにリスクに対して敏感に対応せざるを得なくなる。リスク資産をオフバランスすることで証券化がさらに進むこととなった。また、AIG は、価値棄損した金融商品に対して次々に担保を要求され、企業破綻にまで突き進んだのである。

　3つ目に格付け会社の問題点を指摘したい。明らかに、格付け会社は金融機関の信用リスクに対して、不適切な格付けを行った。たとえば、サブプライムローンが混在した CDO に対して「AAA（トリプル A）」をつけるといった根拠がない評価をしたことは問題である。格付けを依頼されればフィーがもらえるといった営業姿勢と、格付けに対する無責任さについては、もっと議論されるべきである。また、投資家や市場は格付けに対して、必要以上にその評価に頼りすぎた。

　4つ目に、金融工学の問題点を指摘したい。1990 年代から Tec バブルとともに、インターネットの普及に伴い、金融技術が発展した。金融の世界に物理学者が入り、たとえば株価のランダムウォーク理論に物理学の理論を応用するなど理系理論の金融への応用が進んだ。しかし、物理学者やエンジニアが、リスクや金融の知識を十分に理解して理論応用していたとは考えられない。デリバティブの値決めは、やって終わりで、後は責任はとらないといった状況であった。また、ペンシルベニア大学 Wharton ビジネススクールの教授でエコノミストの Gary Gord が、『モンテカルロシミュレーションにより99.85％の確率で、CDS からの補償金支払いはない』と断言した。しかし、十分な過去の実績もなく、CDS の破綻事例がそれまで存在していなかったことを考えると、実証データのモデル利用に意味がなく、モデルの仮説には根拠がないのではないだろうか。

　5つ目に政府による金融緩和である。Tech バブルがはじけ、景気刺激策と

30　Debt finance：債券やローンにより資金調達すること。または、借り入れること。

して「ゼロ金利政策」が導入された。これは米国だけでなく、日本や欧州も同時期に行われ、世界中で「金余り現象」が起こったのである。当時は土地と家の価格が上昇し、バブルの様相を示していた。土地・住宅バブルはサブプライムの問題を拡大させた。サブプライムローン契約の数年後、「バルーン金利」が終わり、土地・家屋の価格が上昇しなくなると、一気にサブプライムの借り手の返済不能が顕在化し、CDS に対する担保要求が大きくなり、結果として AIG は破産状態に突入していったのである。

7.10　AIG 社内の問題点

AIG は FP 部門に対して、内部統制とリスクマネジメントが十分機能していなかった。特に、FP 部門の社員や COO に対して誤ったインセンティブ報酬を与えた。AIG が企業組織として巨大化し、複雑化したことも経営の内部統制が十分にできなかった要因である。Gord モデルを信用し、CDS リスクの引き受けを拡大したことも失策であった。当時、リスクを計量化し VaR[31] を算出したモデルにも不備があった。

リーマンショック以前にも、2000 年代当初には米国 SEC によって、金融と保険の融合商品[32]の会計不正を指摘されるなど様々な AIG の不正が発覚し、Greenberg 社長の辞任にまで至ったことも背景として指摘される。

FP 部門の報酬が短期的な収益増加に基づいて支払われたことは、FP 部門が将来の悪影響を恐れず、過剰なリスクをとる営業活動を助長したといえる。特に、CEO の報酬が、米国全 CEO の報酬の中央値より 20％も多かったことは、SOX 法違反であった。

7.11　システミックリスクの問題点

1 つの金融機関の破綻が他の金融機関の破綻に発展し、事象が連鎖すると

31　Value at Risk：リスクの尺度で、有意水準 1％、5％、10％での損害値を計算した値。
32　ファイナイトリスクプログラムによる会計不正のこと。

　いったリスクを「システミックリスク」とよぶ。図1–4は、今回の連鎖によるシステミックリスクを、図式化したものである。

　現代ファイナンス理論では、「システマチックリスク[33]」についての議論はあったが、「システミックリスク[34]」の問題についてはまったく議論されず、リーマンショックによりはじめて定義され、議論が始まったのである。

　現代ファイナンス理論でいう「システマチックリスク」とは、投資家が資産ポートフォリオを形成する際、リスク分散可能な固有のリスクは除去できるが、どうしてもリスクを除去できない部分があり、その分散できないリスクを「システマチックリスク」とよんでいる。市場リスクは「システマチックリスク」であり、投資家が分散できないリスクである。一方で、個々の企業固有のリスクは、ポートフォリオの自家調整により、分散が可能なリスクである。

　BASEL IIIでは「システミックリスク」として重要な金融機関と判定された会社は、通常の金融機関より多くの自己資本の上乗せが要求されている。

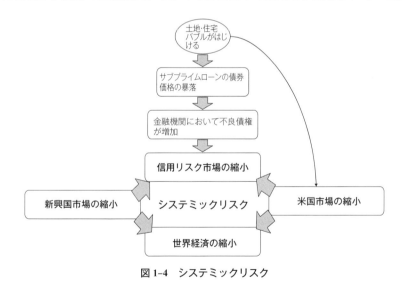

図1–4　システミックリスク

33　Systematic risk：市場リスクのこと。または分散できないリスクのことである。

34　Systemic risk：金融機関の倒産規模が大きすぎて、破綻が連鎖するリスクのことである。

たとえば JP モルガン銀行、ゴールドマンサックス投資銀行、MetLife 生命保険会社、ドイツ銀行、日本の 3 大銀行（MUFG、三井住友銀行、みずほ銀行）などの主要金融機関は、「SIFI：Systemically Important Financial Institution」であると認識され、基準以上の増資を求められる。

8 おわりに

　本章では、リスクファイナンスとリスクマネジメントの違いについて議論した。リスクに対応する対策として、「リスクコントロール」と「リスクファイナンス」があり、リスクファイナンスの 1 つの手法に保険があることを示した。1990 年以降の金融工学の発達により、保険と金融市場を使った様々な融合金融商品、リスクファイナンスプランが組成され利用されている。

　2008 年のリーマンショックの結果、AIG という巨大な保険グループが破綻し、政府により救済されたことは、現代のリスクマネジメント、リスクファイナンスの諸問題が明らかにされた象徴的な出来事であった。

　諸問題を克服しようと、現代の企業は、欧米企業を中心に ERM を積極的に進めている。その下でリスクファイナンスはますます発展していく可能性がある。

第**2**章

リスク

1 はじめに

　本章では、リスクについて議論したい。まず、リスクマネジメントについて概略を述べた後、一番のネックになる「リスクの計量化」について議論を深める。さらに、いろいろな手法を駆使したリスクの計量化と、尺度についての明確化を試みた。

2 企業リスク

　企業リスクとは、ある事象が起こり、その事象が企業の戦略や目的に影響を与える可能性と定義する。その影響とは、否定的な意味と、同時に、肯定的な意味も含む。

　否定的な意味とは、たとえば、『PL 事故が発生したので、売り上げ目標が達成できなかった』や『事故の風評被害があり企業の評判が悪くなった』などがその例である。また、肯定的な意味とは、たとえば、『円安でコストが削減できた』や『新たな商品開発が成功し、期待以上の市場が開拓できた』などがその例である。

　日本には、リスクを表す言葉は数多く存在する。たとえば、「危険」「危

機」「悪影響」「危害」「災害」「事故」「リスク」「損失」「確率」「不確実性」「蓋
然性」「ギャンブル」などである。

英語でもリスクを表す言葉が複数存在する。たとえば、"Danger" は、け
がなどを伴う一般的な「危険」を意味する。"Risk[1]" は、けが、損失、ダメー
ジなどを伴う可能性をリスクとよんでいる。"Peril[2]" は、大きな災害や危険
の事象のことをいう。"Hazard" は、危険の可能性がある状況のことをいう。
"Crisis[3]" とは、大きな危険や問題が生じるときのことをいう。"Loss" とは、
死、けが、損失、問題、不都合などをいう。

米国の COSO[4] は、企業の内部統制について議論し、ガイドラインを定め
ている機関である。2004 年に作成され、2017 年に更新されたガイドライン
では、「リスクとは、事象が起こり、目的に悪影響を与える可能性」と定義
している。また、COSO は近年の ERM[5] についての記述で、「ERM の目的
は、取締役やマネジャーが成果を効率的に達成し、企業価値の創造、最大
化、維持を達成する手段である」としている。COSO 2017 においてはビジネ
ス戦略と目的が一致せず、戦略と目的が達成されないリスクについても言及
している。

一方、ISO[6] は世界的に標準化を目的とする機関である。品質保証の
ISO9000 シリーズ、環境マネジメントシステムに関する ISO14000 シリーズ
は世界中の製造業者に導入されている。

その ISO 規格の 1 つである ISO31000 は、リスクマネジメントに関する規
格であり、2009 年 11 月 15 日に発行し、施行された。そのなかでは、リス
クマネジメントの原則的なガイドラインを定めている。また、2018 年に更
新された基準では、ERM についても言及している。

ISO の「ERM のプロセスとその導入について」においては、「リスクとは

1　Risk is the chance of injury, damage, or loss.

2　Peril is great and imminent danger.

3　Crisis means a time of great danger or trouble.

4　Committee of Sponsoring Organizations of the Treadway Commission: COSO のこと。

5　Enterprise Risk Management：エンタープライズリスクマネジメント。

6　International Organization for Standardization：国際標準化機構のことである。

不確かさが目的に及ぼす影響」と定義されており、「ERM の目的は、価値の創造と保護である」としている。また、2018 年に更新された規定には、「組織が戦略を策定し、目的を設定し、情報に裏づけられた意思決定を行う際に、リスクを管理することの重要性を強調し、影響が起こる前のリスクマネジメントが組織にとって不可欠である」と言及している。

　日本における JIS 規格は、上記 ISO と一緒にリスクマネジメントの規格を策定し、JIS Q 2001 としている。そのなかでリスクとは「事象の発生確率と事象の結果の組み合わせ」と明示している。

3　リスクマネジメント

　リスクマネジメントについて ISO は、ISO31000（2009 年 11 月 15 日）において、「リスクに関して組織を導き、統制し、調整された活動」と定義している。

　米国の COSO では、ERM（2004）の定義のなかで、「リスクマネジメントとは、ある目的に脅威を与えるリスクを特定し、評価し、またそれに対応する対策を行うものである」と定義している。

　オーストラリア・ニュージーランドの標準化規格の AS/NZS 4360（1999）では、「リスクマネジメントとは、組織のあらゆる活動、機能、プロセスに伴うリスクがもたらす損失を最小化するとともに、リスクがもたらす好機が最大になるよう、論理的、体系的に、状況を確定、リスクの特定・分析・評価、処理、監視およびコミュニケーションを行うことであり、リスクマネジメントは損失を回避・軽減するとともに、好機を発見することである」と定義している。

4　リスクマネジメントを実践する理由

　『なぜ企業は、リスクマネジメントを必要としているのであろうか？』

ERM のフレームワークでは、ERM は企業がリスクを特定し、列挙し、企業の一部に影響を与えるリスク群のなかから、優先順位をつける手段であると述べている。また、価値創造とともに、企業価値の最大化といった組織の目的を達成するための意思決定を、ERM はサポートする役割を担うとしている。よって、ERM の目標は、すべてのリスクをなくすることではなく、企業価値を最大化する合意形成として機能し、リスクの発生と影響を、許容範囲内に限定的にするものである。

　ERM 機能は、リスクと機会（収益機会）を特定し、リスク間の相互関連性を理解する。また、リスクを軽減すること、コントロールすることと同時に、機会を適時にとらえることである。そして、価値創造とミッションを達成するため、企業戦略と ERM が目標を同じくすることである。

5　リスクマネジメントはプロセスである

　リスクマネジメントは、図 2–1 にあるように一連のプロセスと考えられる。このプロセスを定期的に回転させることで目的を達成するのである。

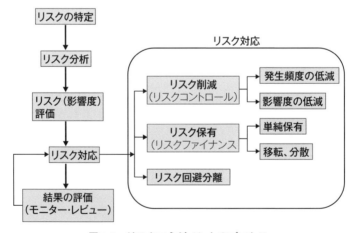

図 2-1　リスクマネジメントのプロセス

5.1　リスク特定・分析・評価

リスクを「特定する」活動とは、リスクを所管する各部署において、リスクを特定し、その影響度を分析する。影響度は、その部署に対するものと同時に、企業全体にとってどのように影響するのかという財務的な評価であり、リスクマネジメントを専門とする専門職と、たとえば、リスクマネジメント部と称される部署で実行されるべきである。

図 2–2 はリスクマップの一例である。「リスクマップ」の作成は、リスク評価とリスク戦略の策定のためによく使われる手法である。企業を取り巻くリスクを特定し、その影響の頻度を横軸に、その規模を縦軸にプロットしてリスクを可視化する手法である。

最近の ERM においては、これに加えて、「リスク速度[7]」つまりリスク現象が発生して影響が現実化までの経過時間を、時間や日数などで表し、それがわかるように色を変えたり、○（サークル）の大きさで速度を示す三次元的なマップを作成する方法もある。

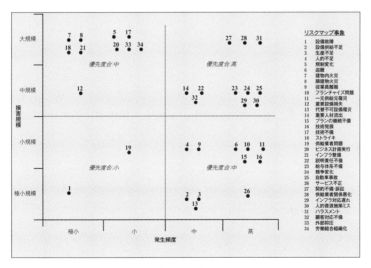

図 2–2　リスクマップ

7　Risk Velocity という。リスクが現実に発生し、影響を及ぼすまでの日数をいう。

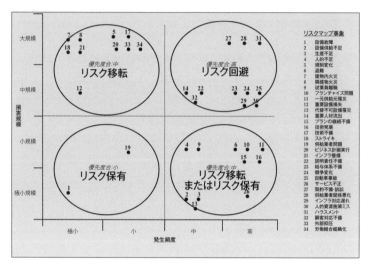

図 2–3　リスクマップと戦略

図 2–3 は、リスクマップからリスク戦略を作成する例である。

たとえば、リスクマップから 4 つのグループに分けて、以下のようなリスク戦略の策定ができる。

- 頻度が低く、規模も小さいリスク群に対してはリスク保有戦略。
- 頻度が低く、規模が大きいリスク群、または、頻度が高く、規模が小さいリスク群に対しては、保険のようなリスクファイナンス戦略。
- 頻度が高く、規模が大きいリスク群に対しては、リスク回避やリスク分離戦略。

5.2　リスク対策

リスク戦略により、それぞれのリスク群に対して大まかな方針が策定される。個々のリスクへの対策については、リスクコントロールとリスクファイナンスの 2 つから構成される。これらの戦術については企業のリスク許容度を考えたうえで行われるべきである。

5.3　リスク許容度

　リスクマネジメントの基本の考え方は、ある特定したリスクに対して保有（許容）を考えることである。まずはそのリスクの存在を認識し、そのリスクが事象として具現化したときの影響度から、このリスクを保有したら、具現化した際に、組織にとって耐えられるものであるかどうかを評価することが必要である。

　このリスク許容度の最大値については、組織の財務能力によって決定される。一般的に、大企業は許容能力が大きく、中小企業は小さいといえるかもしれない。また、万が一のための資産や予備資産がある、潤沢な営業キャッシュフローがある、銀行からの借入が容易にできるなどの諸環境より変化するかもしれない。あるいは、現金が積み上げられているので、1000万円くらいでは、まったくマイナスの影響がなく、財務的には健全性を維持できるといった企業かもしれない。

　このように、その財務力によって、リスク許容の最大値が大きかったり小さかったりするので、リスク保有の限度額については、企業で独自に検証すべきである。

5.4　リスクコントロール

　許容した保有リスク、または、ファイナンスしきれないリスクに関しては、リスクの発生頻度や規模を軽減しコントロールしなければならない。このような具現化の頻度や損害の規模を軽減する活動を「リスクコントロール」とよんでいる。

　リスクが巨大であると、リスクを伴う活動を回避することも1つの手法である。発生頻度を軽減するには様々な対策があるが、たとえば、火災の場合、木造構造を鉄筋にする、易燃性、可燃性の燃料をできるだけ使わないなどの防災手段が頻度軽減策として考えられる。一方、規模の軽減に関しては、火災の例では、有効なスプリンクラー消火設備を設置するなどの防災手段が被害規模の軽減策として考えられる。

5.5　リスクファイナンス

リスクに対して財務的に準備を事前に行うことを「リスクファイナンス」とよんでいる。現代では、様々なファイナンス手法が事前対応のために考えられ、組成されているので、これに関しては第7章に詳細を記述した。

ちなみに、リスクを自家保有[8]することは、リスクファイナンスの1つとして考えられている。たとえば、現金を積み立てる、生命保険に加入してキャッシュバリューを積み立てる、自家保険会社（たとえばキャプティブ）を設立するなどはリスクファイナンスである。

5.6　リスクの回避と分離

リスクの回避には、その活動をやらないといった消極的なものがあるが、ホールドハームレス契約[9]などをサプライヤーとの間で締結することなど、積極的にリスク回避する方法もある。

リスク分離に関していうと、たとえば東京に製造工場を一極集中するのではなく、大阪、九州、北海道などに製造工場を分散するなどがリスク分離である。特に地震のように巨大で広域災害を考える場合は、リスク分離は有効な手段である。

6　リスク関連法

リスクマネジメントが機能していない企業が破綻し、多くの人が犠牲になるたびに、リスクマネジメントを法制化、義務化しようという動きが現実化する。

たとえば、ノーベル経済学賞を受賞した Myron Scholes が設立人の1人で

8　損害保険の世界では、Self-insurance, self-insured retention などとよばれている。

9　Hold Harmless Agreement：ホールドハームレス条項。一方が他方に損害を与えない、免責にする契約のこと。

あるヘッジファンド、LTCM[10]がロシア危機に起因して、1998 年に破綻した。また、長距離通信会社 Worldcom 社が、その高い株価を維持するため粉飾決算をし、正しい貸借対照表を隠ぺいしたことが原因で、2002 年に経営破綻した[11]。さらに、経理不正の事例として、イタリアの食料品会社である Parmalet が金融デリバティブ契約の損失を隠ぺいしたことが原因で、2003 年に経営破綻した。

　このように不正経理や財務諸表の隠ぺいが起因して倒産する事例が多くみられた結果、米国は規制を強化するために、2002 年に SOX[12]法を施行した。この法律により、上場企業にリスクマネジメントの報告を義務づけた。さらに 2009 年には、上場企業の経営陣と監査法人の両者に、財務リスクの評価と開示を義務づけた。

　最近の米国上場企業の年次報告書を読むと明らかであるが、「リスク」と「リスクマネジメント」に関する記述が数十ページに及んでいる。St. John's University の Walker 教授は、『万が一記述のないリスクが現実化し、大きな損失が判明すると、いわゆる株主代表訴訟（「クラスアクション」）のケースにまで発展する可能性がある』と述べている。そのため、企業は財務に影響するリスクを、できるだけ網羅的に、詳細に、記述するようになったというのである。

　2008 年の「リーマンショック」は、数多くの金融機関を巻き込み世界的な不況にまで発展した。それを教訓として、2010 年、Dodd-Frank 法が米国において施行された。このなかで、商業銀行や投資銀行などの金融機関と特定した上場企業に「リスク委員会[13]」の設置義務と、そのメンバーの 1 人は必ずリスクマネジメントの専門家であることを義務づけている。

10　Long-Term Capital Management：ロングタームキャピタルマネジメント社。

11　M. M. Jennings（2012）"Business Ethics, 3rd ed," Cengage Publishing を参照した。

12　Sarbanes Oxley Act：サーベンスオクスリー法。

13　Risk committee：リスク委員会のこと。

7 リスクマネジャー

日本の企業にはあまり馴染みがないが、欧米のほとんどの企業において、「リスクマネジャー」とよばれるリスクの専門家が社内に配置されており、部署としてリスクマネジメント部が存在する。

1970年代から1990年代までは、リスクマネジメントは「保険マネジメント」と同義で理解されることが多かった。当時、欧米ではリスクマネジメントは「サイロ化[14]」されているといわれるくらい、各部署が独自にリスク対応策を決めており、企業内で全体的にまた統合的にリスク対応がなされていなかった。この状況で、リスク対応の基準が、同一企業内で不一致で、全体として効率的で有効な運用がされていないと批判されていた。

しかし、「サイロ化」から「統合化」へと変遷し、2000年以降ではリスクマネジメントは全体的、統合的で網羅的な企業リスクマネジメントへと発展していった。現在、統合されたリスクマネジメントはERMと同義である、と理解されている。一般的にリスクマネジメントの組織には、リスクマネジャーの上層にCRO[15]（チーフリスクオフィサー）が配置され、いわゆるCレベルのエグゼクティブがその職務を遂行している。

リスクマネジャーの職務としては、以下の項目がある。それらは、リスク掌握のための調査、リスクの計量化（数値化）、重要なリスクを特定、リスク戦略の策定、リスク保有金額の決定、リスク移転の手法を決定、保険での付保またはファイナンスでの処理、損害記録と管理、リスクコントロール対策の実施などである。

14　リスクが部署により別々に管理されている状態を、農業のサイロに例えて「サイロ化」とよんでいた。

15　Chief Risk Officer：チーフリスクオフィサーのこと。

8 リスクの尺度

現代ファイナンスではリスクとは、「ボラティリティ[16]」であると定義されている。『ボラティリティとは何であろうか？』ボラティリティとは統計学でいう「分散」と「標準偏差」を意味する。このことから、ファイナンスは統計学と深く関連している理論であるということがわかる。

8.1 保険における PML、NLE

損害保険会社や再保険会社は、災害による影響度について、PML「Probable Maximum Loss（予想最大損害額）」といった言葉を使う。これは、シナリオアプローチによる最大損害をリスク量としている。これの算出に関しては、通常、保険会社の防災エンジニアが算出するのであるが、ある不都合なシナリオを考えて、その時の、収益の機会損失を含めた、最大損害額を金額として計算したものである。

たとえば、火災の場合、ある重要な建物に火災が発生し、その防災を担っている自動スプリンクラー設備が機能しなかった場合の「最悪のシナリオ」下での物的損害と、ビジネス中断による収益の機会損失を、企業にとっての最大損害と考える。企業にとっては、PML レベルの保険の補償があれば良いという判断にもなろう。また保険会社の立場からは、PML レベルの備金が最低でも必要になるという判断基準にもなる。再保険会社からは、PML レベルまでは保険料が厚く、PML レベルより上の補償については保険料が

---

16 英語では Volatility：統計学の標準偏差、または、分散という意味である。

薄くなる傾向にある[17]。

もう1つのリスク量の考え方は、NLE（Normal Loss Expectancy[18]）である。このシナリオは、通常の場合を想定した損害額であり、たとえば上記の火災の場合には、自動スプリンクラーが普通に機能したとして、物的な損害とビジネス中断による収益の機会損失の合算値を、企業の最大損害として金額で表したものである。

8.2　統計学の標準偏差

統計学では「母集団[19]」と「標本[20]」を分けて考えている。母集団とは調査する対象となるすべての集団のことをいう。一方で、「標本」を使うのは、母集団のすべてを調査するのは不可能であるので、統計学では母集団の一部を「標本」として抽出し、母集団のパラメーターを推定するのである。

「母集団」の分散は以下の式により求められる。

$$\sigma^2 = \frac{1}{N}\sum_{i=1}^{N}\left(X_i - \bar{X}\right)^2$$

ここでNは母集団の数、

　σ^2：母集団の分散

　X_i：母集団を形成する個々の値

　$\bar{X}$：母集団全部の平均

である。

17　再保険会社は、「レイヤープライシング（Layer Pricing）」という手法で保険料を算出するケースがある。「レイヤープライシング」とは保険の付保レベルを横で区切り、たとえば免責金額から1億円までの補償は1,000円当たり何円、1億円から10億円までは1,000円当たり何円、20億円から30億円までは1,000円当たり何円といった料率である。この手法では、PML以下までのレイヤーでは保険料が比較的高くなり、それ以上のレイヤーでは保険料は低くなる。よって、エンジニアによるPML算出は保険会社にとっては非常に重要なのである。

18　普通の損害期待値である。PMLは最悪時を想定するが、NLEは、防災機能すべてが期待どおりに機能したときの予想損害額である。

19　英語ではPopulation（母集団）をいう。

20　英語ではSample（標本）をいう。

「母集団」の標準偏差は分散の平方根であるので、以下の式となる。

$$\sigma = \sqrt{\frac{1}{N}\sum_{i=1}^{N}\left(X_i - \bar{X}\right)^2}$$

ここで σ は母集団の標準偏差である。

一方、「標本」の分散は少し算出の仕方が異なり、標本値と平均値との差を2乗したものの合計を「自由度」で割ったものである。自由度は標本数から1を引いたもの、$(n-1)$ を使い、以下のような式で表される。

$$S^2 = \frac{1}{n-1}\sum_{i=1}^{n}\left(X_i - \bar{X}\right)^2$$

ここで、S^2 は標本の分散である。「標本」の標準偏差は分散の平方根であるので、以下の式となる。

$$S = \sqrt{\frac{1}{n-1}\sum_{i=1}^{N}\left(X_i - \bar{X}\right)^2}$$

ここで、S は標本の標準偏差である。

9 リスクを表す分布

リスクを表す確率分布には、「正規分布[21]」「ワイブル分布[22]」「対数正規分布[23]」「パレート分布[24]」「ガンマ分布[25]」「逆ガンマ分布[26]」などがある。これらの分布はリスクが具現化したときの「損害規模」を表すモデルとしてよく使われる。一方で、リスクの「発生頻度」を表す分布には、「ポアソン分布[27]」がよく使われる。

---

21 Normal distribution：正規分布のこと。

22 Weibull distribution：ワイブル分布のこと。

23 Lognormal distribution：対数正規分布のこと。

24 Pareto distribution：パレート分布のこと。

25 Gamma distribution：ガンマ分布のこと。

26 Inverse gamma distribution：逆ガンマ分布のこと。

27 Poisson distribution：ポアソン分布のこと。

9.1 正規分布

リスク規模を表す正規分布は、統計学における基本分布である（図 2–4）。特に「連続変数分布」としてよく使われ、「ガウス分布」ともいわれる。特徴としては、左右対称なカーブを描く連続分布であり、正規分布と仮定されれば基本的な特徴が確定する。

たとえば、リスクが正規分布に従うと仮定すれば、平均値からプラスマイナス 1× 標準偏差内に収まる変数の割合は、全体のおよそ 68％である。プラスマイナス 2× 標準偏差内（厳密には 1.96 であるが）に収まる変数の割合は、およそ 95％である。プラスマイナス 3× 標準偏差内に収まる変数の割合は、およそ 99.75％である。このようなおよその確率は覚えておいた方がよい。

小数点を含む「連続変数」とは違い、「離散変数」とは、変数間の小数点がない場合をいう。たとえば、事故の件数、人数などは小数点がないため離散変数である。

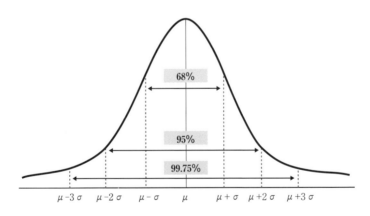

図 2–4　正規分布

問題 1 （平均、分散、標準偏差）

複数の肥料工場を所有する KG 社は、過去 1 年間に爆発事故を 5 件起こしている。それらの爆発事故の損害額を表 2–1 で表した。これらの事故データ

は離散変数であり、標本データと仮定する。損害額の標本平均、分散、標準偏差を求めよ。

表 2-1　KG 社の損害データ

事故の規模（百万円）
15
30
45
60
75

解答

エクセルを使い、標本平均は 45、標本分散 562.5、標本標準偏差は 23.72 と求められる（図 2-5）。

	A	B	C	D	E	F	G	H	I	J	K	L	M
7													
8	平均 Xbar		45	=AVERAGE(A2:A6)									
9			X	X-Xbar	(X-Xbar)^2								
10			15	-30	900								
11			30	-15	225								
12			45	0	0								
13			60	15	225								
14			75	30	900								
15				Total	2250								
16	データ数		5										
17	自由度		4										
18	分散		562.5	562.5 =VAR.S(A2:A6)									
19	標準偏差		23.72	23.72 =STDEV.S(A2:A6)									
20													

図 2-5　離散変数の平均、分散と標準偏差

問題 2　（共分散、相関）

表 2-2 は KG 社の 11 年間にわたる機械的事故（X）と労災事故（Y）の件数である。これら 2 つの事故の共分散と相関を求めよ。X と Y に強い相関があるか？

2 つの変数が相互に関係性があるとき、その関係性を表すのが共分散と相関係数である。標本の共分散と相関係数は以下の式により求められる。

表 2–2　KG 社の機械的事故（X）と労災事故（Y）

	X	Y
1	7	21
2	5	15
3	8	24
4	3	9
5	6	18
6	10	30
7	12	36
8	4	12
9	9	27
10	15	45
11	18	54

共分散は、

$$cov(X,Y) = \frac{1}{n-1} \sum_{n=1}^{n} (X - \bar{X})(Y - \bar{Y})$$

共分散が正であると X と Y は正の関係性があり、共分散が負であると、X と Y が負の関係性がある。

相関係数は、

$$r = \frac{Cov(X,Y)}{S_X S_Y}$$

ただし、S_X, S_Y は X と Y の標本標準偏差である。相関係数は、

$$-1 \leq r \leq +1.0$$

であり、−1 であれば「完全に負の関係性」を意味し、＋1 であると「完全に正の関係性」を意味する。

解答

　X と Y の共分散は 65.29、相関係数は 1.0 と求められた（図 2–6）。この解釈であるが、共分散が 65.29＞0 であり、「共分散が正である」とは、機械的事故の件数 X と労災事故の件数 Y とは「正の関係性がある」ということを意

	A	B	C	D	E	F	G	H	I	J	K
6											
7	X	X-Xbar	(X-Xbar)^2	Y	Y-Ybar	(Y-Ybar)^2	(X-Xbar)(Y-Ybar)				
8	7	-1.82	3.31	21	-5.45	29.75	9.92				
9	5	-3.82	14.58	15	-11.45	131.21	43.74				
10	8	-0.82	0.67	24	-2.45	6.02	2.01				
11	3	-5.82	33.85	9	-17.45	304.66	101.55				
12	6	-2.82	7.94	18	-8.45	71.48	23.83				
13	10	1.18	1.40	30	3.55	12.57	4.19				
14	12	3.18	10.12	36	9.55	91.12	30.37				
15	4	-4.82	23.21	12	-14.45	208.93	69.64				
16	9	0.18	0.03	27	0.55	0.30	0.10				
17	15	6.18	38.21	45	18.55	343.93	114.64				
18	18	9.18	84.31	54	27.55	758.75	252.92				
19		Total	217.64			1,958.73	652.91				
20	n	11									
21	d.f	10									
22		X		Y							
23	分散	21.76	195.87								
24	標準偏差	4.67	14.00								
25											
26	XとYの共分散		65.29		65.29	=COVARIANCE.S(A2:A12,B2:B12)					
27	XとYの相関係数		1.00		1.00	=CORREL(A2:A12,B2:B12)					

図 2-6　問題 2 の解答のエクセル出力

味する。

　相関係数＝1であり、「相関係数が1.0である」とは機械的事故と労災事故とは完全な正の関係性があるということを意味する。

問題 3　離散変数の確率分布（分散、標準偏差）

　表 2-3 は KG 社の過去長年の蓄積したデータから、1 年間あたりの火災事故の件数とその確率を表にしたものである。KG 社の 1 年間に平均何件（期待値）の火災事故が起こるかを求めよ。また標準偏差を求めよ。

表 2-3　1 年間の事故の件数と確率

件数（X）	確率 P（X）
0	0.1
1	0.2
2	0.45
3	0.15
4	0.05
5	0.05

離散確率変数の期待値、分散と標準偏差は以下のように求められる。

期待値は、

$$\mu = E(X) = \sum_{i=1}^{n} X_i \times P(X_i)$$

分散は、

$$\sigma^2 = \sum_{i=1}^{n} (X_i - E(X))^2 \times P(X_i)$$

標準偏差は、

$$\sigma = \sqrt{\sum_{i=1}^{n} (X_i - E(X))^2 \times P(X_i)}$$

解答

図2–7が示すように、期待値は2件であり、分散は1.4、標準偏差は1.18である。

	A	B	C	D	E	F	G	H	I
1	1年間の火災事故と確率								
2									
3	件数（X）	確率P（X）	X ｘ P（X）	X-E(X)	(X-E(X))^2	(X-E(X))^2 x P(X)			
4	0	0.1	0	-2	4	0.4			
5	1	0.2	0.2	-1	1	0.2			
6	2	0.45	0.9	0	0	0			
7	3	0.15	0.45	1	1	0.15			
8	4	0.05	0.2	2	4	0.2			
9	5	0.05	0.25	3	9	0.45			
10									
11	期待値		2	=SUM(C4:C9)					
12	分散		1.4	=SUM(F4:F9)					
13	標準偏差		1.18	=SQRT(B12)					
14									

図 2–7　離散変数の期待値、分散と標準偏差

9.2　ポアソン分布

離散分布であるポアソン分布は、事故の発生件数を表す代表的なモデルである。ポアソンモデルは、事象発生件数の平均値ラムダ（λ）を用いて以下の式で表される。

$$P(X) = \frac{e^{-\lambda} \times \lambda^x}{x!}$$

特徴として、ポアソン分布の標準偏差は $\sqrt{\lambda}$ に等しい。

なお、ポアソン分布を利用する際は、以下のことを仮定している。

1. 頻度は、ある特定された領域（または空間）で発生する回数で表現される。
2. ある領域（または空間）で、事象が発生する確率は、他の領域においても同じである。
3. 事象が起こる回数は、他の領域から独立（影響を与えない）している。
4. その領域（または空間）で1回以上事象が発生する確率は、領域が小さくなれば同様に小さくなり、0に近づく。

問題 4 　（ポアソンモデル、確率）

KG 社は世界に営業所をもつ企業である。ある1年間に世界で起こった従業員による自動車事故は約 3,000 件に達した。世界の1営業所における自動車事故の平均件数（λ）は 5 件であった。事業所間の従業員数、車の数などはほとんど同じで、営業活動に違いがないと仮定する。

この確率分布がポアソン分布に従うとすると、以下の問いに解答せよ。

1. 1営業所で事故が 0 件である確率を求めよ。
2. 1営業所で事故が 5 件以下である確率を求めよ。
3. 1営業所で事故が 6 件以上である確率を求めよ。

解答

図 2–8 から、1事業所において1年間に事故が 0 件以下である確率は 0.67％、5 件以下である確率は 61.60％、6 件以上である確率は 38.40％である。

	A	B	C
1	発生件数		
2	平均	5	
3			
4	発生件数	累積確率	
5	0	0.006737947	=POISSON.DIST(A5,$B$2,TRUE)
6	1	0.040427682	=POISSON.DIST(A6,$B$2,TRUE)
7	2	0.124652019	=POISSON.DIST(A7,$B$2,TRUE)
8	3	0.265025915	=POISSON.DIST(A8,$B$2,TRUE)
9	4	0.440493285	=POISSON.DIST(A9,$B$2,TRUE)
10	5	0.615960655	=POISSON.DIST(A10,$B$2,TRUE)
11	6	0.762183463	=POISSON.DIST(A11,$B$2,TRUE)
12	7	0.866628326	=POISSON.DIST(A12,$B$2,TRUE)
13		確率	
14	0件以下である	0.674%	=B5
15	5件以下である	61.60%	=B10
16	6件以上である	38.40%	=1-B15
17			

図 2-8　KG 社の自動車事故の確率

10　ポートフォリオ効果

たとえば、2 資産で構成されたポートフォリオの分散、標準偏差を求めることを想定しよう。

2 つの離散確率変数 X、Y と発生確率 P の共分散は以下の式で表される。

$$\sigma_{XY} = \sum_{i=0}^{n} \left(X_i - E(X)\right)\left(Y_i - E(Y)\right)P\left(X_i Y_i\right)$$

2資産で構成されたポートフォリオの期待値と分散は以下のとおりである。

ポートフォリオの期待値は、

$$E(P) = w \times E(X) + (1-w) \times E(Y)$$

ポートフォリオの分散は、

$$\sigma^2(P) = w^2\sigma_X^2 + (1-w)^2\sigma_Y^2 + 2w(1-w)\sigma_{XY}$$

よって、ポートフォリオの標準偏差は、

$$\sigma(P) = \sqrt{w^2\sigma_X^2 + (1-w)^2\sigma_Y^2 + 2w(1-w)\sigma_{XY}}$$

ただし、w は X 資産への投資割合で、1-w は Y 資産への投資割合である。

問題 5　（2 資産ポートフォリオの共分散、標準偏差）

KG 氏は 2 つの株（X と Y）に投資しており、X 株に全体の 30％、Y 株に全体の 70％を投資している。そのポートフォリオの期待値、分散、標準偏差を求めよ。また、ポートフォリオ効果は確かめられるか？

ただし、2 つの株の変動は、次の 3 つのシナリオが想定される（この 3 つのシナリオがすべてである）とする。各シナリオの発生確率と、株（X）と株（Y）の価値変動は表 2–4 のとおりである。

表 2–4　2 資産の変動と確率

確率	株 X の変動	株 Y の変動
0.2	–100	200
0.5	100	50
0.3	250	–100

解答

エクセルにより計算した結果が図 2–9 と図 2–10 である。

結果として、X と Y の共分散は負であり、相関係数は -1.0 である。

X の標準偏差は 121.35 で、Y の標準偏差は 105.00 である。ポートフォリオの分散は 1404 で、標準偏差は 37.47 と計算される。

よって、ポートフォリオを構成することで、標準偏差を減少させることができた。「ポートフォリオ効果は確かめられた」という結果を得た。

	A	B	C	D	E	F	G	H	I	J	K
1	確率	株Xの変動	株Yの変動								
2	0.2	-100	200								
3	0.5	100	50								
4	0.3	250	-100								
5											
6	P	X	P x X	X-E(X)	(X-E(X))^2	Y	P x Y	Y-E(Y)	(Y-E(Y))^2	(X-E(X))(Y-E(Y))	
7	0.2	-100	-20	-205	42025	200	40	165	27225	-33825	
8	0.5	100	50	-5	25	50	25	15	225	-75	
9	0.3	250	75	145	21025	-100	-30	-135	18225	-19575	
10											
11	Xの期待値		105	Xの分散	14,725	=SUMPRODUCT(A7:A9,E7:E9)	Xの標準偏差		121.35	=SQRT(D11)	
12	Y(E)		35	Yの分散	11,025	=SUMPRODUCT(A7:A9,I7:I9)	Yの標準偏差		105.00	=SQRT(D12)	
13	X,Yの共分散		-12675	=SUMPRODUCT(A7:A9,J7:J9)							
14	X,Yの相関		-1.0	=B13/(F11*F12)							
15											

図 2-9　X と Y の共分散と相関

	A	B	C	D	E	F	G	H	I	J	K	L
4	0.3	250	-100									
5												
6	P	X	P x X	X-E(X)	(X-E(X))^2	Y	P x Y	Y-E(Y)	(Y-E(Y))^2	(X-E(X))(Y-E(Y))		
7	0.2	-100	-20	-205	42025	200	40	165	27225	-33825		
8	0.5	100	50	-5	25	50	25	15	15	-75		
9	0.3	250	75	145	21025	-100	-30	-135	18225	-19575		
10												
11	Xの期待値	105	Xの分散		14,725	=SUMPRODUCT(A7:A9,E7:E9)	Xの標準偏差		121.35	=SQRT(D11)		
12	Y(E)	35	Yの分散		11,025	=SUMPRODUCT(A7:A9,I7:I9)	Yの標準偏差		105.00	=SQRT(D12)		
13	X,Yの共分散		-12675	=SUMPRODUCT(A7:A9,J7:J9)								
14	X,Yの相関		-1.0	=B13/(F11*F12)								
15												
16	w	0.3										
17	1-w	0.7										
18	ポートフォリオの期待値		56	=B16*B11+B17*B12								
19	ポートフォリオの分散		1404	=B16^2*D11+B17^2*D12+2*B16*B17*B13								
20	ポートフォリオの標準偏差		37.47	=SQRT(C19)								

図 2-10　ポートフォリオの分散と標準

11　モンテカルロシミュレーション

　「モンテカルロシミュレーション」の言葉は、1930 年代から 1940 年代に開発された原子爆弾が成功するかどうかの確率を予測するために、コンピュータでシミュレーションを行ったことからきている。この実験に参加した物理学者たちは、ギャンブルが大好きで、シミュレーションのコードネームを「モンテカルロ（モナコのギャンブルの町）」と名づけた。

　ここでは、Excel を使ってモンテカルロシミュレーションを行う。

問題 6　（離散確率分布モデル）

　カレンダーの需要が以下のような離散確率分布であるとする。また、需要の確率として以下が与えられると仮定する。

　10％の確率で 10,000 個が売れる。

　35％の確率で 20,000 個が売れる。

　30％の確率で 40,000 個が売れる。

　25％の確率で 60,000 個が売れる。

1. RAND 関数を使って、需要はどのように起きるか 400 回のシミュレーションを行え。

2. シミュレーションの結果（図2-11）、それぞれの需要 10,000、20,000、
40,000 そして 60,000 は何回発生し、それぞれの確率はどうなったか？

解答

図 2-11 モデル作成

問題7 （連続確率分布モデル）

上記のカレンダーの需要確率が連続確率で正規分布を描くとき、その正規
分布の平均が 40,000、標準偏差が 10,000 である。

1. RAND 関数を使って、需要はどのように起きるか 400 回のシミュレー
ションを行え。
2. シミュレーションの結果（図 2-12）、その平均と標準偏差はどのように
なったか。

これは 400 回のシミュレーション結果なので、平均値と標準偏差はそれぞ
れ 1 つの固定した値ではない。

	A	B	C	D	E	F	G	H	I	J	K
1	需要										
2	平均	40000									
3	標準偏差	10000									
4					シミュレーション結果						
5	試行	需要	RAND ()		平均	40,785	=AVERAGE($B$6:$B$405)				
6	1	24216.01	0.057237	=RAND()	標準偏差	10,783	=STDEV.S(B6:B405)				
7	2	61257.13	0.9832364	=RAND()							
8	3	46359.56	0.7375976	=RAND()							
9	4	48315.85	0.7971785	=RAND()							
10	5	45745.25	0.7171938	=RAND()							
11	6	41161.95	0.546251	=RAND()							
12	7	49043.72	0.817101	=RAND()							
13	8	55016.87	0.9334111	=RAND()							
14	9	44234.61	0.6640205	=RAND()							
15	10	45520.25	0.7095345	=RAND()							
16	11	52268.89	0.8900679	=RAND()							
17	12	45954.06	0.724214	=RAND()							
18	13	18167.54	0.0145088	=RAND()							
19	14	34469.94	0.2901297								

図 2-12　問題 7 の 400 回のシミュレーション結果

問題 8　（離散分布）

クリスマスケーキの 1 日の需要が、以下の離散分布を描くとき、

10%の確率で 10,000 個が売れる。

35%の確率で 20,000 個が売れる。

30%の確率で 40,000 個が売れる。

25%の確率で 60,000 個が売れる。

ケーキが 1 つ 400 円の価格で、製造コストが 1 つ 150 円である。また、売れ残ったケーキは 1 つ 100 円で廃棄されるとする。ケーキをどれだけ製造すればよいか？

生産数　10,000、20,000、30,000 と 40,000 から選ぶこと。

また、400 回のシミュレーションを行い（図 2-13、図 2-14）、結果から考察すること。

	A	B	C	D	E	F	G	H	I	J
1	需要						需要			
2	10％の確率で10,000個が売れる。					0	10,000			
3	35％の確率で20,000個が売れる。					0.1	20,000			
4	30％の確率で40,000個が売れる。					0.45	40,000			
5	25％の確率で60,000個が売れる。					0.75	60,000			
6										
7	生産数	20000								
8	RAND	0.927608	=RAND()							
9	需要	60000	=VLOOKUP(B8,$F$2:$G$5,2)							
10	一個当たりのコスト	150								
11	一個当たりの価格	400								
12	売れ残り廃棄コスト	100								
13										
14	売り上げ	8000000	=B11*MIN(B7,B9)							
15	売れ残り廃棄コスト	0	=IF(B7>B9,B12*(B7-B9),0)							
16	生産コスト	3000000	=B7*B10							
17	利益	5000000	=B14-B15-B16							

図 2-13　問題 8 の 400 回シミュレーションの結果（1）

	A	B	C	D	E	F	G	H
13								
14	売り上げ	8000000	=B11*MIN(B7,B9)					
15	売れ残り廃棄コスト	0	=IF(B7>B9,B12*(B7-B9),0)					
16	生産コスト	3000000	=B7*B10					
17	利益	5000000	=B14-B15-B16					
18	平均		2,500,000	4,561,404	4,649,123	1,478,697		
19	標準偏差		0	1,416,207	5,682,309	8,495,871		
20		5000000	10,000	20,000	40,000	60,000		
21			2500000	5000000	10000000	-1E+07		
22			2500000	5000000	0	5000000		
23			2500000	5000000	10000000	5000000		
24			2500000	5000000	10000000	5000000		
25			2500000	5000000	-5000000	-5000000		
26			2500000	5000000	0	5000000		
27			2500000	5000000	0	-5000000		
28			2500000	5000000	0	5000000		
29			2500000	5000000	0	5000000		
30			2500000	5000000	10000000	-5000000		
31			2500000	5000000	-5000000	5000000		

図 2-14　問題 8 の 400 回シミュレーションの結果（2）

解答

　平均を比較すると、40,000 個生産するのが一番利益は大きい。しかし、標準偏差は高い。20,000 個生産すると、平均利益は次に大きく、標準偏差も 40,000 個生産するよりかなり小さい。

問題 9 （モンテカルロシミュレーション）

　カーディーラー KG 社が予想するには、2021 年度のモデル A の需要は連続分布の正規分布を描き、平均が 200 台で標準偏差が 30 台である。

A車の納入コストは250万円で正規販売価格は400万円である。A車の正規販売価格で売れ残った数の半数は300万円で売却できる。

KG社は200、220、240、260、280または300台の納入を考えている。

1. 何台納入するべきであるか？
2. 400回のシミュレーションを行い（図2–15、図2–16）、平均と標準偏差を求めよ。
3. 平均により台数を決定せよ。

	A	B	C	D	E	F	G	H	I	J
1	需要									
2	平均	200								
3	標準偏差	30								
4	正規販売価格	400								
5	納入コスト	250								
6	割引価格	300								
7	納入数	200								
8	RAND	0.51792155	=RAND()							
9	需要	201.348134	=NORM.INV(B8,B2,B3)							
10										
11	売り上げ	80,000.00	=B4*MIN(B7,B9)							
12	割引価格での売り上げ	0.00	=IF(B7>B9,B6*(B7-B9)/2,0)							
13	トータルコスト	50,000.00	=B5*B7							
14	利益	30,000.00	=B11+B12-B13							
15	平均	26,860	27,038	25,436	24,344	21,859	20,324			
16	30,000.00	200	220	240	260	280	300			

図2–15　問題9のモデル形成

	A	B	C	D	E	F	G	H	I	J
13	トータルコスト	50,000.00	=B5*B7							
14	利益	29,426.47	=B11+B12-B13							
15	平均	26,638	26,653	25,645	23,775	22,222	19,824			
16	29,426.47	200	220	240	260	280	300			
17		30000	17531.5	22454.44	31556.1	30289.39	15057.01			
18		30000	33000	24837.96	27086.35	22781.19	21978.26			
19		30000	33000	31505.34	25753.48	20796.74	20076.48			
20		30000	31207.16	26569.63	8372.935	20562.54	23365.6			
21		30000	26588.26	27107.44	39000	14432.12	28688.65			
22		26094.8779	30674.8	34956.5	15336.83	24936.12	12613.66			
410		22562.9248	26597.68	36000	19431.8	28892.06	8716.481			
411		30000	9691.529	11037.64	16254.23	11466.07	4899.741			
412		30000	16105.37	25204.29	18787.25	27705.85	28956.46			
413		30000	19833.86	25239.45	26851.79	35929.46	22566.59			
414		30000	23011.43	31535.22	24803.46	24896.97	23429.62			
415		29279.3298	29817.12	30377.82	39000	12699.9	21400.04			

図2–16　問題9のシミュレーション結果

解答 ....

利益の平均より決定すると、200台納入すべきである。

12　ブートストラップ法

　ブートストラップ法[28]とは、たとえば、将来に起きることが、過去に起こったことと同じことが同じ確率（可能性が同じ）で起きると仮定して、シミュレーションを行うこと。

問題 10　（ブートストラップ法）

　トヨタ株を 1 億円で購入し、今後 1 年間にわたってシミュレーションを行う。過去のトヨタ株の利回りの傾向（可能性）と同じ利回りが今後期待できると仮定したブートストラップ法を使う。トヨタ株の過去の収益率のデータが図2–17で与えられたとき、今後1年間のトヨタ株の収益率はどうなるか？400 回のシミュレーションを行い、そのシミュレーション結果の収益率の平均と標準偏差を求めよ。

	A	B	C	D	E	F	G	H	I	J	K	L
1	Code											
2	1	2002/8/2	-8.316%			月	始値	Code	収益率	終わり値		
3	2	2002/7/2	-12.285%			0	1	38	-0.048564142	0.951436		
4	3	2002/6/2	7.445%			1	0.95144	56	0.154441349	1.098377		
5	4	2002/5/2	-2.583%			2	1.09838	29	-0.343529412	0.721052		
15	14	2001/7/1	-9.329%						1 年間の収益率	-47.33%		
16	15	2001/6/1	5.522%				-47.33%					
17	16	2001/5/1	2.111%				-0.3609		平均	17.78%		
18	17	2001/4/1	23.880%				-0.2304		標準偏差	58.31%		
19	18	2001/3/1	-7.305%				0.28737					
20	19	2001/2/1	-3.374%				-0.1565					
21	20	2001/1/1	40.756%				0.66808					
22	21	2000/12/1	-24.399%				-0.562					
23	22	2000/11/1	-16.684%				0.19817					
24	23	2000/10/1	14.193%				-0.4174					
25	24	2000/9/1	-13.608%				0.55727					
26	25	2000/8/1	0.000%				-0.3665					

図 2–17　ブートストラップ法によるシミュレーション

解答

　400 回のシミュレーションの結果、収益率の平均が 17.78％で標準偏差は 58.31％であった。

---

13 投資の最適配分の問題

　KG 氏の投資ポートフォリオを最適化せよ。図 2–18 に株式、短期債券、長期債券の過去の収益率がデータとしてある。目的は最適な資産の配分を求めることにある。条件として、リスクを最小にすると同時に、最低 8％の収益率を得たい。

解答

　過去の収益率が今後も同じ確率で起こると仮定した。ブートストラップ法を用いて今後 5 年にわたる収益率のシミュレーションを行う。次に 400 回のモンテカルロシミュレーションを行い、それぞれの収益率の推移を行う。

　最適化の問題には、エクセルのアドインソフトであるソルバーを使用する。

　株式に 11.72％、短期債券に 72.31％、長期債券に 15.97％投資することが最適な構成であると出力された（図 2–19）。この解答はシミュレーションによって多少異なる。

図 2-18　ソルバー設定

	A	B	C	D	E	F	G	H	I	J	K
1		株式	短期債券	長期債券	total						
2	割合	0.1172	0.7231	0.1597	1.000	5年後の資産	収益率	平均	0.39971	>=0.08	
3		1.02035736	1.35254494	1.4074746		1.322396979	0.322396979	標準偏差	0.14458	=> minimize	
4		1.11208414	1.273235	1.07286635		1.22234785	0.22234785				
5		1.20282034	1.34200118	1.59538768		1.366167503	0.366167503				
6		0.854163	1.65219431	1.3949811		1.517604797	0.517604797				
7		2.76113425	1.35835109	1.3016368		1.513654298	0.513654298				
8		2.73619641	1.34602166	1.32085309		1.504886417	0.504886417				
9		2.76174978	1.41473339	1.56173188		1.596041945	0.596041945				
10		1.43930101	1.38617991	1.55133706		1.418784944	0.418784944				
11		0.99898099	1.51329018	2.01130483		1.532578167	0.532578167				
12		1.77741123	1.32401553	1.11605736		1.343921725	0.343921725				
13		1.23109331	1.81477846	1.21305931		1.650274953	0.650274953				
14		1.56891724	1.37755576	2.12254747		1.518976433	0.518976433				
15		2.05345007	1.07368744	1.08071686		1.189607794	0.189607794				

図2-19 ソルバーによる解

14 バリューアットリスク

VaR[29]は、一定期間の下、与えられた信頼レベル（90%、95%、99%）また
は有意水準（10%、5%、1%）において、市場が通常状態である場合に予想
される最悪の損失をいう。たとえば、『事前に決められた期間において x %
の超過確率でいくらの最大損失が起こるか？』という質問に対して回答する
ものである。

問題12 （バリューアットリスク）

1つの資産からなるポートフォリオを保有しているマネジャーについて考
える。現在のポートフォリオ価値は1億円であるが、年末のポートフォリオ
の価値を推定したい。その資産の収益率は、平均が20%で標準偏差が30%
の正規分布に従うとき、下記の問いに解答せよ。

1. 年度末のポートフォリオの価値の分布の平均値、標準偏差値を求めよ。
2. 年末までに2億円を超える損失が発生する確率は？

---

29 VaR：Value at Risk のこと。

3. 1％の超過確率で発生する最悪時の年末の最大損失はいくらか？
   VaR 1％は？

4. 5％の超過確率で発生する最悪時の年末の最大損失はいくらか？
   VaR 5％は？

	A	B	C	D	E	F	G	H	I
1	現在の資産価値	1	(億円)						
2	平均	20%							
3	標準偏差	30%							
4									
5	1年後の資産価値の期待値								
6		1.2	=B1*(1+B2)						
7	1年後の資産価値の標準偏差								
8		0.36	=B6*B3						
9	損失	2							
10	閾値	-1	=B1-B9						
11	2億円を超える確率	0.000%	=NORM.DIST(B10,B6,B8,TRUE)						
12	VaR 5%	0.392	=B1-D12	0.608	=NORM.INV(0.05,B6,B8)				
13	VaR 1%	0.637	=B1-D13	0.363	=NORM.INV(0.01,B6,B8)				
14									

図 2-20　VaR

解答（図 2-20）

1. 平均値は 1.2 億円；標準偏差値は 0.36 億円である。
2. 2 億円を超える損失の確率はほぼゼロである。
3. VaR（1％）は 0.637 億円である。
4. VaR（5％）は 0.392 億円である。

15 おわりに

本章では、リスクマネジメントの定義からはじめて、リスクについて詳細に議論した。

リスクの計量化について様々な手法を詳細に説明したが、これらはほとんど過去のデータからモデル化し、将来を推測する方法である。モンテカルロシミュレーションなどは、リスク分析の結果を分布化し、経営の意思決定に使える手法であるので、経営者としては『エンジニアがすべてやるから』というのではなく、少なくとも出てきた結果の意味することを理解することが

必要である。そして、結果を鵜呑みにするのではなく、自ら意思決定にどの
ように使えばいいのかを考えるべきであろう。

第3章

保険による
リスクマネジメント

1 はじめに

『保険は複雑で難しい』という声をよく聞く。人はあの分厚い「保険約款」など読んだことがないからかもしれない。確かに、保険は専門家を要する分野だと思う。そこでこの章では、基本的に知っておいた方がいいと思う保険リスクマネジメントについて議論したい。

保険は「生命保険[1]」と「損害保険[2]」の2つの分野に分かれており、生命保険会社は生命に関わる保険を提供する。一方、損害保険会社は、物の損害や他人に対する賠償責任の損害を補償する。日本においては第三分野（医療・傷害）を除いては、損保が生保の保険、または生保が損保の保険を提供することはできないので、子会社を通じて他の分野の商品を提供している。

第三分野とよばれていた「医療保険」や「傷害保険」に関しては、以前は両方の保険会社で提供されていたが、現在では生命保険会社が「医療保険」を提供しており、損害保険会社は自グループの子会社である生命保険会社を通して販売している。また、「傷害保険」については、主に損害保険会社が提供しているが、生命保険会社も提供している。

1　Life insurance：生命保険のこと。

2　Property and casualty insurance or General Insurance：損害保険のこと。

　なお本章では、個人の保険である「家計部門」の保険が少し含まれている。「企業部門」の保険と重複する部分があるので掲載した。

2　損害保険

2.1　財物損害リスク（Property insurance）

　財物損害のリスクを担保する保険に、火災保険、火災総合保険、機械総合保険、動産総合保険、利益保険、マリーン（海上輸送）保険、船舶保険、航空保険などがある。数が多いので、ここでは一般的に知名度が高い保険にしぼって議論を進める。

　支払いの条件は、「偶発的」、「突発的」、そして「外来」の事故である。よって、経年劣化による損害などは保険の対象外である。また、基本的に損害が発生しない限り保険金は支払われない。

　財物保険は、対象は財物で、Peril（ペリル）とよばれる災害や事象により財物損害が起こったときに、その実質損害に対して補償される。これを「実損填補」とよんでいる。保険金支払いには、「事象の発生」と「損害の発生」との２つの要件（トリガー）が必要なので、「ダブルトリガー[3]」とよばれている。

　よって損害額以上（臨時費用は支払われるケースがある）は支払われない。ところで財物（建物や物）には価値がある。購入した金額から経年劣化を引いた金額を設定する方法（時価）と、新価、いわゆる再調達価格で契約する方法がある。一般的に新価、「再調達価格」が適用されることが多いが、損害を修復した費用、または同じものを再度調達するための費用という意味である。

3　Double trigger：ダブルトリガーのこと。

2.2　火災総合保険

今ではいわゆる純粋な「火災保険」のみを購入する顧客はまれである。「火災保険」とは、「火災」以外にも「落雷」と「爆発」のリスクを担保する保険をいう。

一般的に普及している火災保険は「火災総合保険」である。火災総合保険は「オールリスクポリシー」[4]とよばれるもので、火災・爆発・落雷以外にも、風災、飛来物や外部からの衝突、水漏れなどの損害、洪水などの浸水、盗難、破損などすべてが付保の対象となる。しかし、地震や津波、噴火による損害については特約になっており、主契約に追加して契約しないといけない。環境汚染に関しては、自分で起こした自分の土地への汚染については担保されない。たとえば、土壌汚染による損害は、環境賠償責任保険に入っていれば他者への賠償責任を担保できることがある。

日本では、たとえば隣の家が火災にあって自分の家が延焼した場合、火元の家主の責任にはならない。これは日本においては密集した木造建物が多いので、法律により火元の責任（失火責任）は免責になっている。したがって、隣の火事により延焼した場合には、延焼した家の火災保険が適用されるのである。したがって、すべての家や建物が火災保険に入っておく必要がある。

地震リスクに関しては、家計部門においては限度額が決まっているが、特約として付保することができる。家計部門の地震保険は、日本では大半が政府の準備する再保険会社がリスクを担っている。つまり、地震保険を販売している保険会社は、元受け保険会社としての役割を担っているのである。日本は地震大国であるので、家計部門の家財と建物に対しては、限度額までは保険を掛けることができるが、政府の 1 回の地震で最大 12 兆円（2021 年現在）の限度額が準備されており、それを超えると一律に減額される。ちなみに阪神・淡路大震災でも東日本大震災でも、今まで当時の限度額[5]を超えたことはない。なお、家計部門においては地震による財物損害のみで逸失利益

4　All risk policy：オールリスク保険証券のこと。

5　この限度額は今まで増額されてきた。準備金の超過部分は国債発行により補う。

は補償されない。

　大中小企業の保険も大筋で家計部門の保険と変わらないが、企業の大きさが大きくなればなるほど、複雑なリスクに対応したテイラーメードな保険になっていく。地震保険に関しては家計部門のような政府提供の再保険はないので、保険会社と個別に交渉することになる。一般的に国内の保険会社や外国籍の保険会社も、安い保険料では日本の地震保険は引き受けたくないといった姿勢である。たとえ提供するにしても、『高い保険料率で、他の火災保険とセットで契約を』といわれる。しかも、日本の保険会社ではすべての地震リスクを担保できないため、自身で一部をリスクヘッジするために、再保険会社と再保険契約をしていることが多い。これらの地震保険も、地震・津波による逸失利益の補償のための「利益保険」確保は非常に困難である。

　免責金額がある場合は、一般的な免責と「フランチャイズ方式」というのがある。「フランチャイズ方式」とは、免責金額を超えると支払いの対象となり、損害がゼロから補償される。また、財物保険の免責[6]は、支払いの最終的な責任は免責も含めて保険会社にある。また、クレームサービスも保険会社の責任の下で行われる。

　財物保険の免責は、厳密にいうと、損害額から免責額を引いた金額を保険金として支払うという意味であり、もし、被保険者が免責額を負担できない場合には、保険会社に最終的には支払いの責任がある。このことは賠償責任でいう SIR[7]（自家保険）とは違う。SIR は、被保険者に、その免責金額までの支払いの義務と責任がある。よって、免責金額までのクレーム対応は、被保険者の責任で行われなければならない。

　もう 1 つ大事なことは、火災保険の保険金額は復元される。たとえば契約期間中に保険金の支払いが 1 回あるとする。部分損でも全損でも、保険期間内に 2 回目があったときには再度支払われるのである。実質的には、保険会社の支払いに限度額はない。

6　英語では Deductible という英語であるが、単に免責と訳される。
7　Self-insured retention：免責ではあるが、自家保険のことである。

2.3 自動車保険

自動車リスクの自動車損害賠償責任保険、略して「自賠責保険」は、限度額が決まった対人賠償責任保険であり、日本では車に対して付保され、必ず入らなければいけない「強制保険」である。民間の保険会社を通じて入るが、地震保険と同じように政府の提供する保険制度である。

自賠責保険の上乗せで運転者や契約者として任意で入る「自動車保険」は、「車両保険」は財物に関する補償であるが、「傷害保険」や「賠償責任保険」は人に関する補償で、一般的にセットで販売されている。

賠償責任保険は人に対する対人賠償、物に対する対物賠償保険からなっている。現在、ほとんどの自動車保険が賠償責任「無制限」補償を選択できる。これは、無制限にしないと、保険会社が契約者に代わって相手方と損害額の交渉（被弁活動）ができないからである。たとえば、保険金額 3000 万円だと、3000 万円までの損害に対しては被害者と交渉できるが、それを超えると保険会社の責任ではなくなるので『支払って終わり』、『あとは運転責任者が自分で交渉してください』といった具合で、保険会社が被害者との支払い交渉から撤退する。これを避けるために、できるだけ対人・対物賠償責任とも無制限にした方がいい。

車両保険は、事故やその他の災害による被保険自動車の損害に対して支払われる。一般契約といわれるのは「オールリスク」であるが、地震、津波、噴火に関しては地震特約を付けなければならない。洪水に関してはすべてが支払われるわけではないので、一部補償である。「一般契約」以外に「車対車契約」といった契約もある。車対車とは、車同士の事故のみに支払うといったものである。自動車保険は、車両保険を外して契約することも可能である。

傷害保険は、一昔前には一般的であった「搭乗者傷害」とよばれていた保険である。金額が定額で日数を掛けた合計額が保険金として支払われる。実際の損害とは関係なく定額なので、被害額が全額補償される実損填補ではなかった。

しかし、東京海上火災が「人身傷害」という保険を売り出して以来、人身傷害が自動車保険の傷害部分を補償するようになった。人身傷害とは、運転

者や搭乗者の傷害に対して実質の損害を補償する。「搭乗者傷害」は一律で固定した給付であるので、実損払いである人身傷害とは異なる。現在では「搭乗者傷害保険」は残っているが、「人身傷害」を補うための追加的な役割を担っている。この経緯を知っている人は少ないのではないだろうか。知っている人は、「搭乗者傷害保険」を外して保険料を節約している。

　企業の自動車の場合には、台数が多いときにはフリート契約といって、損害率により保険料が決定される仕組みがとられている。保険料は事故率の上下によりかなりの開きがある。よって、事故を軽減するためのリスクマネジメントは必須である。

2.4　機械保険

　所在地に設置された機械設備に対する偶発的突発的な外来の事故を補償する。火災保険では付保されないリスクを補償する。たとえば誤操作、材質や設計・製造上の欠陥、他物の落下・衝突等の損害は保険の対象である。ボイラーの爆発に対しても対象となるケースがある。「ボイラー保険」もあるので、保険の重複については注意を要する。

2.5　動産総合保険

　たとえば什器、備品、機械、動かせる設備、商品、荷物などの動産に対するオールリスク（地震以外）を補償する保険である。輸送中や展示中、一時保管している倉庫などにおける動産のリスクに対しても適用される。火災総合保険と同じようであるが、これは動産に対する包括保険である。

2.6　海外旅行傷害保険

　海外に出国してから帰国までの期間を補償期間として、商用、私的な旅行を含めて旅行を対象としている。「国内旅行傷害保険」もあるが、「海外旅行傷害保険」の方が、人々には馴染みが深いと思う。旅行中の物損、盗難、個

人賠償責任、疾病・傷害の治療費、入院費などを補償する。

　旅行期間が一般的に1年未満と限定されているため、海外で医療保険に入るよりも安くなっている。そして、セットメニューによる保険商品が普及している。しかし、海外の自動車運転に関しては適用されない。今は、この保険の普及により、海外でも支払いのサポートが充実している。

3　賠償責任保険[8]

　日本では米国のように訴訟が一般的でないため、賠償責任保険は「新種保険」とよばれて、物保険とは分けている保険会社も多い。日本では保険料も安く、海外と比べて市場規模は非常に小さい。保険料も比較的安い。

3.1　個人賠償責任保険

　被保険者の過失責任に対して支払われる賠償責任保険である。たとえば自転車を運転していて人と接触した事故、他人の物にぶつかり壊してしまった損害、住んでいるアパートで洗濯機からの水漏れで下の階に起こした水漏れ被害、ゴルフ場でカートを運転して[9]、転倒して他人をケガさせた事故など、個人に起因する賠償責任などがこの保険で補償される。この保険は、一般的には、独立して販売されておらず、火災保険や傷害保険、自動車保険に付加して提供されている。

3.2　施設賠償責任保険

　施設内で起きた事故に対し、施設の所有者が賠償責任を負うとき、その損害額を補償するものである。たとえば施設内で起きた転倒によるけが、死亡

8　Liability insurance policy：賠償責任保険証券のこと。

9　自動運転に関しては施設賠償が適用される。

事故など、所有者の過失責任が問われるときに支払いの対象となる。

3.3 製造物賠償責任保険 (PL 保険)

メーカーなどの生産者が、その製品が起因して起こした事故による物損、傷害、死亡・後遺障害などを補償する保険である。飲食店などの食中毒などはこの保険で補償される。

1995 年 7 月 1 日、日本において施行された PL 法は、生産者の製造責任を以前よりも重くした。それまでは、生産者の過失が原因で損害が起こったことを、被害者が証明しなければならなかった。しかし、PL 法により「厳格責任」が適用されるようになり、生産者の過失責任や安全性の有無を証明することなく適用されたのである。この法律により、製品事故による怪我や死亡、後遺障害、逸失利益などの損害に対して、生産者が補償することになった。

日本は米国ほど訴訟が多くないので、裁判での賠償金が限定されている。一方、米国においては州によって「懲罰的損害賠償[10]」が課されるので、生産者の責任は非常に重い。たとえば、マクドナルドにおいて 1992 年に起こった「マクドナルドコーヒー事件」で、3 億円もの懲罰的損害賠償が評決されたことが象徴的である。しかし、PL 保険が「懲罰的賠償責任」を必ずしも補償するものでもない。

4 リコール保険

リコール保険は、リコールで回収された製品は、補償の対象にはならない。これはリコールで発生した費用を補償する保険である。きわめて補償内容が制限されているもので、保険会社により限定的にしか提供されていないことが多い。

---

10 Punitive damage：懲罰的損害賠償責任。

5　CGL[11]保険（企業包括賠償責任保険）

　包括賠償責任保険とよび、欧米では一般的である。施設賠償、PL 保険、環境賠償責任保険などの企業を取り巻く賠償責任保で、包括した補償が提供されている。

6　マリーン保険[12]

　海上輸送の貨物などに対する損害を補償する。この海上保険の歴史は古く、英国ロンドンのロイズ[13]が輸出・輸入の荷物に対するリスクを、コーヒーハウスで取引した 1600 年後半から始まっている。保険会社がアンダーライター[14]といわれるゆえんである。

　この保険は、基本的には今でも政府の規制が及ばないので、自由料率となっている。また、保険会社により補償内容などを自由に決められる。日本最古の損害保険会社である東京海上は、マリーン保険からスタートしている。一方、損保ジャパン（旧安田火災）などは、火災保険からスタートしている。

7　再保険契約

　保険会社 1 社によりリスクをすべて補償するには限界があるので、保険会社間でリスクを共有する仕組みがあり、これを「再保険[15]」とよんでいる。再

11　Comprehensive general liability insurance：企業包括賠償責任保険のこと。

12　Marine insurance policy：マリーン保険証券のこと。

13　Lloyd's of London：ロンドンのロイズ保険シンジケートのこと。

14　Underwriter：アンダーライター。保険の引受人のこと。

15　Reinsurance：再保険契約のこと。

保険には、基本的に、「特約再保険[16]」と「任意再保険[17]」とよばれる2つの契約がある。

「特約再保険」は、2つの保険会社間で協議のうえ決定されるもので、個別の契約ではなく、継続的に執行される契約である。よって、再保険会社は、特約再保険契約で決定されているリスクの引き受けに関しては引き受け義務がある。

一方、「任意再保険」は個別での再保険契約であり、個々の再保険のニーズに応じて契約される。

現在、再保険会社ではドイツのミュンヘン再保険会社[18]が世界で一番大きく、次にスイス再保険会社などが続く。比較的、欧州の再保険会社は取り扱い規模が大きい。

8 米国の保険について

米国では、1つに医療保険を私企業の保険会社が提供している点、さらに労働災害補償も、同様に、私企業であるが保険会社が提供している点もあり、全保険会社の保険料の取り扱い規模が世界一大きい。米国においてリスクマネジメント手法が高度に発展した背景は、こういった保険会社の取り扱い保険規模から理解できる。

また、米国は州により保険監督行政が別々に行われており、州の保険営業免許制度がある。複数の州にまたがった保険会社はあるが、全米を包括している保険会社は数が限られている。代理店やブローカーもその州の免許が必要であるため、日本に比べると米国では、地域のニーズに見合った、細分化された保険を提供している。

米国は生命保険、損害保険ともに世界第一位の規模を誇っている。日本は損害保険では第八位、生命保険では第二位である。リスクマネジメントビジ

16　Treaty reinsurance：特約再保険のこと。

17　Facultative reinsurance：任意再保険のこと。

18　Munich Reinsurance：ミュンヘン再保険会社のこと。

ネスの全体規模も、日本のそれとは比べ物にならないくらい大きい。

9　生命保険

　死亡と後遺症を保障する死亡保険は、基本的に 3 つの保険を理解すればよい。つまり、「定期保険」「終身保険」と「養老保険」である。現在発売されている保険は、たとえば「定期付き終身保険」は主契約が終身保険で、定期保険が特約として上乗せされている。このように上記の 3 つの保険が組み合わさった保険が、数多く販売されている。

9.1　定期保険[19]

　定期保険とは、名のごとく保障期間が決まっている保険である。いわゆる「掛け捨て」保険といわれている。保険契約が成立したと同時に保障が始まり、満期と同時に保障が終了する。一般的に 10 年の保険期間を設けている

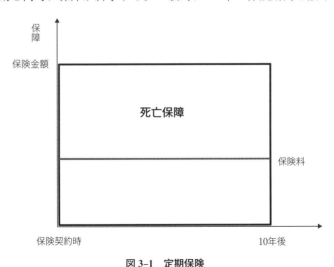

図 3-1　定期保険

19　Term life insurance policy：定期保険証券のこと。

ところが多い（図 3–1）。

　一番の特徴は、これら 3 つの保険のなかで、一番保険料が安い。若い世代で保障を大きく、保険料は安くというときにはお勧めの保険である。

　定期保険も途中で解約すると解約返戻金がある。したがって、厳密な意味での「掛け捨て」ではない。解約返戻金のことを「キャッシュバリュー」とよんでいる。終身保険や養老保険も「キャッシュバリュー」が存在する。これら「キャッシュバリュー」は保険契約者に帰属する。

　なぜキャッシュバリューが存在するのであろうか？　このキャッシュバリューを利用して、特に中小企業の経営者は自社のリスクマネジメントの一環として非常時の備金を簿外（この場合には生命保険会社）に、資産として貯蓄を行っているのである。

　たとえば 1 年満期の定期保険があったと仮定しよう。年が経過すると被保険者の年齢が高くなるので、保険料も右肩上がりになる。たとえば保険期間が 10 年だとすると、図 3–2 のように推移する。

　実際には、図 3–2 のような 1 年満期の定期保険（これが本当の意味での「掛け捨て」といえよう）は存在しない。10 年契約にして、10 年間の保険料を平準化するために、平均値を保険料として、契約者（または被保険者）は毎年

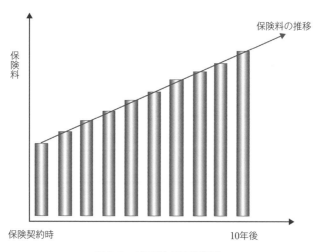

図 3–2　1 年ごとの定期保険

同額を支払うことになる。

　図3–3から、保険期間の初期5年間は、保険料の「払い過ぎ状態」であることがわかる。そして、後半5年間では保険料が足りない状態になる。よって、保険会社は初期5年間で払い過ぎの部分を積み立て、後半でそれを消化するのである。この過大保険料の積立の部分を、「キャッシュバリュー」と

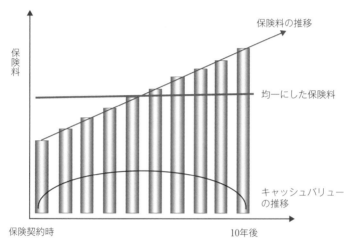

図 3–3　定期保険の保険料の平準化とキャッシュバリューの推移

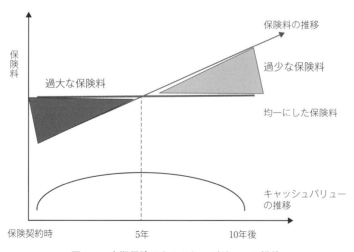

図 3–4　定期保険のキャッシュバリューの推移

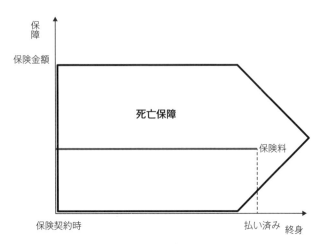

図3-5　終身保険の仕組み

よんでいる。この時、定期保険の5年目にキャッシュバリューは最大化される。その後減少していき、満期ではゼロになる。満期までの途中で定期保険を解約すると、この積立部分、つまり「キャッシュバリュー」が契約者に返還されるのである。これが解約返戻金である（図3-4）。

　中小企業は、正味運転資金の枯渇といったリスクが絶えず経営課題であろう。正味運転資金の重要性はいうまでもない。万が一のために、中小企業の経営者は、定期保険を契約し、生命保険会社にキャッシュの積み立てをするのである。キャッシュバリューが最大化したときに解約すると、「解約返戻金を資金繰りに」とする経営者も多い。ほかには、たとえば「逓増定期保険」や「長期平準定期保険」などを使って、キャッシュバリューの最大化のときに退職金の支払いや、設備投資に利用するなども現場では行われている。このように生命保険がリスクマネジメントの機能を担っているのである。

9.2　終身保険[20]

終身保険は、その名のとおり一生涯保障が続く保険である。死亡や後遺障

20　Whole life insurance policy：終身保険のことである。

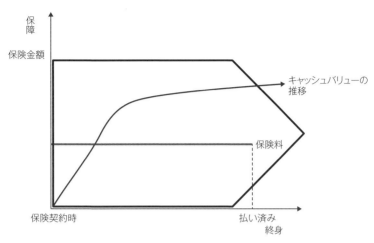

図3-6　終身保険のキャッシュバリューの推移

害時に保険金が支払われたら、契約は終了する。生きている限り保障は継続するので、保険会社はその保険金額に達するまで資産運用を続ける（図3-6）。

　この保険は、運用利回りが契約時に決定されるので、一昔前の金利が高かった時代に契約した終身保険は利回りが良い。定額の保険料支払いは、たとえば60歳までといったように、一般的には限定されている。保険料が払い済みになっても保険契約は継続する。

　この保険も定期保険同様に「キャッシュバリュー」が存在する。図3-6は終身保険のキャッシュバリューの推移である。生命保険会社は、いずれ被保険者の死亡時に保険金額を支払わなければならないので、保険金額に到達するように運用する。契約者が途中で解約したとき、解約時のキャッシュバリューが解約返戻金として契約者に返還される。この貯蓄性を利用して、定年後の年金の積み立てのために、終身保険を利用する人は多い。

9.3　養老保険[21]

　最後に養老保険であるが、特徴として1つに満期があること、2つに、保

21　Endowment life insurance policy：養老保険のことである。

74

障が契約時からスタートし満期で終了すること、そして最後に、満期には
保険金額が支払われることである。保障と貯蓄を合体させた保険で、一昔前
には非常に人気の生命保険であった（図3–7）。

　満期時には保険金額が解約保険金になるので、保険会社は運用して満期時
に保険金額になるように努力しなければならない。満期までに解約すれば、
解約時の「キャッシュバリュー」が解約返戻金になる（図3–8）。

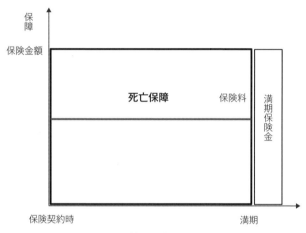

図 3-7　養老保険の仕組み

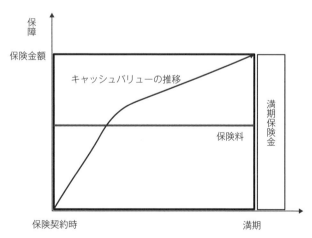

図 3-8　養老保険のキャッシュバリューの推移

　このように、3つの死亡保険のうち、条件を同じにすると、定期保険が一番安価であり、次に終身保険、最後に養老保険となる。現在の低金利だと、養老保険の保険料はすごく高額になり多くは売れないため、保険会社は、営業免許があるにもかかわらず積極的には営業していないようである。

9.4　低解約終身保険

　最近では、終身保険を年金として受け取る貯蓄商品とする保険会社が多く現れ、低解約終身保険のような保険が一般的に普及してきた。

　この保険は、保障は終身保険であるが、一般的な終身保険と違い、保険料を払い済みまでの期間に解約したとき、解約率にペナルティーをかけている、代わりに払い済み後のキャッシュバリューを最大化させるように、長期資産運用する保険である。

　たとえば、払い済み時を定年時に合わせると、定年後のキャッシュバリューが大きく推移して、解約すれば年金として受け取れるというものである。図 3–9 がキャッシュバリューの推移である。

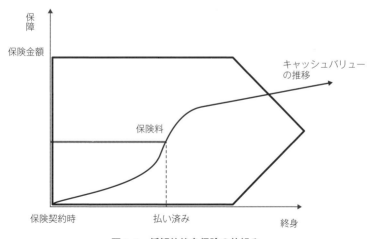

図 3–9　低解約終身保険の仕組み

76

10 第三分野保険

10.1 傷害保険

　一般的に、けがを保障するものである。けがによる入院と通院に関して、定額に日数を掛けて支払う。また、手術などを受けたときには、手術の種類により定額給付金が支給される。交通事故のみ対象のものを交通傷害保険といい、一般傷害保険よりもリスクが限定的なので、保険料は安い。

　傷害保険は、一般的に損害保険会社がこの保険を提供しているが、最近では生命保険会社も提供している。

10.2 医療保険

　疾病や傷害による入院を保障するものである。傷害でも疾病でも入院すれば支払いの対象になる。昔は日本では、生命保険会社により、生命保険の特約として売られていた。そのころ、たとえば免責7日のように免責日数が設定されており、厳密には顧客ニーズに合っていなかった。主契約である生命保険が解約されれば、医療特約も自動的に解約される。

　しかし、2000年初旬からアメリカの生命保険会社[22]が単品で、しかも主契約として医療保険を売り始めた。その後、日本の損害保険会社の子会社である生命保険会社や外資系の生命保険会社も、単品で様々な医療保険を販売し始めた。日本の伝統的な生命保険会社は、その後この市場に参入し、現在では単品商品として競争している。今では終身保障の医療保険が普及している。

10.3 がん保険

　その名のとおり、がんと診断されることがトリガーになり保障される保険

22　アリコジャパン、アフラック生命保険がそれらの外資系の生命保険会社であった。

である。がんによる通院、入院、一時金などが給付の対象になる。保険商品により、初期のがんである「上皮内癌（ゼロステージ）」が対象になる保険や、そうならない保険もあるので注意が必要であろう。また、保険商品によるが、がんの転移も一定期間あいていれば二度目のがんも保障されることがあるので、十分説明を受けたうえで入るべきである。

10.4　三大疾病保険

がん保険は「がんとの診断」がトリガーになるが、この三大疾病保険は、がん、心筋梗塞、脳卒中など日本人の三大死亡原因を保障するものである。これらのいずれかと診断されれば、通院、入院や一時金などが給付される。

10.5　長期就労不能保険[23]

長期就労不能保険は、障害により仕事ができなくなったときに、所得の一部を補償する保険である。

11　おわりに

本章では、損害保険と生命保険のリスクファイナンスにおける位置づけと、リスクマネジメントにおいて保険がどのように利用されているのかを議論した。

損害保険は実損を填補するので、損害に対して完全な補償を提供する。そして、比較的保険料も安い。保険会社の財務健全性もいいので、安心である。

一方、生命保険の企業での使用は、備金積み立ての意味で、リスクファイナンスにおける役割は大きい。特に中小企業の資金繰り悪化リスクのヘッジとして、簿外での積み立てとして役割を担っている。

23　Long term disability insurance policy：長期就労不能保険のこと。

　しかし、近年の低金利の影響を受けて、生命保険の利用が減ってきている。また、損害保険も直近 10 年くらいは業界の成長率はほぼゼロである。

　諸外国は、不景気でも保険分野で 2〜3％の成長が継続している事実と比べると、日本の保険分野はもっと成長していいと思う。損害保険会社は、もっと革新的な企業分野の保険商品を提供するべきである。なぜなら、すべての企業リスクが、保険で適切に処理されているとは考えられないからである。

　日本のゼロ成長が原因で、日本の生命保険会社や損害保険会社は、海外に進出しようとしている。今後の日本企業の保険利用によるリスクマネジメントは、革新的に変化することが求められている。

第4章

金利リスクの
リスクマネジメント

1 はじめに

本章では、金利変動による債券価値の変動と、デュレーションを使った金
利リスクマネジメントについて論じたい。

2 金利と収益率

企業の債権支払い能力の不確実性リスクを、「信用リスク(クレジットリ
スク)」とよぶ。この信用リスクに対して、投資家は利回りを要求するが、
これを「収益率[1]」とよぶ。この収益率は、信用リスクの上下変化により変動
する。信用リスクの変動が債券価格に影響し、価格が上下するのである。

額面上の金利は発行元が設定するので、発行にあたって、発行時の信用リ
スクに従って決定し、表示され、満期まで変化しない。この金利を「クーポ
ン率[2]」とよんでいるが、額面に対する金利の年利をクーポン率とよび、満
期まで変化しない。変化するのは収益率である。

---

1 一般的には年利率で表される。

2 Coupon は割引券「クーポン」から名前が由来した。

この金利と収益率の違いを理解すると、債券評価が理解できる。債券は一般的に APR[3]（年利）で表示される。たとえば、10％のクーポン率だと表示されており、年2回払いだと、10％を2で割った5％が半年ごとの支払いクーポン率となる。また、たとえば12％の収益率を要求される場合は、クーポンが半年払いの場合、12％を2で割って6％を割引率として使用する。

3 債券の価値評価

上述したような「確定利付債券」は、「クーポン債[4]」ともよばれる。この仕組みとしては、長期（1年以上）のローン契約とほぼ同じである。ローン契約は一般的に銀行からの借り入れの「契約」であるが、債券は OTC 市場[5]において売買される。また、ディーラーを通して OTC 市場で売却することで投資家から資金調達する。

「確定利付（確定した金利付き）」という意味は、クーポンである金利の支払いが確定しているものであり、クーポン（金利）の支払いが定期的に行われる。

クーポン支払いは、年に1回、または年に2回（6か月ごと）が一般的である[6]。米国において、または日本においても、クーポンを年2回支払うことが多い。

ディーラーを通した OTC[7] で売買ができる市場が存在し、そのため価格は変動する。満期時に、額面金額とクーポンが一緒に支払われ、返済が終了する。

貸借対照表では、投資家においてクーポン債は資産の部に、発行元の企業では負債の部に掲載される。

---

3 Annual Percentage Rate：単純年利のこと。
4 クーポン債とは、クーポン率が確定している債券のこと。
5 Over the counter マーケット：相対取引市場のこと。
6 ちなみにクーポンの支払いは欧州では年1回払い、日本と米国では年2回払いが一般的である。
7 Over the counter：相対取引のこと。

　債券価値の評価には、キャッシュフロー（現金）の流れをとらえると理解しやすい。つまり、1つ目にキャッシュフローの時期（クーポン支払い時期）、2つ目にキャッシュフローの金額（クーポンと額面の金額）、そして3つ目にキャッシュフローのリスクに対して要求される収益率である。

　債券価値（価格）を測る要素には以下の5つがである。

1.　額面金額[8]
2.　クーポン率[9]（金利、年率）
3.　クーポン（利息）の支払いの回数（年1回、半年ごと）
4.　償還期間[10]（満期）
5.　収益率[11]

　額面金額をF、クーポンをC、満期までの期間をt、収益率をyとすると、以下の式により債権の価値Pが決まる。

$$P = \frac{C}{1+y} + \frac{C}{(1+y)^2} \cdots + \frac{C+F}{(1+y)^t}$$

問題1　（債券価格の計算）

　発行元であるKG社の債券は、格付「シングルA」を取得している。「シングルA」の信用リスクに対して、現在、市場は10%の収益率を要求している。

　満期は今から5年である。クーポンの支払いは年1回年度末に支払われ、12円（クーポン率12%）である。額面金額は100円である。今は年始であるとする。この確定利付債券（クーポン債）の現在の価格を求めよ（図4–1）。

　この問題1に対して、ファイナンスの理論の正味現在価値を用いて、債券

8　Face value または Principal amount：元本金額のこと。

9　Coupon rate：利払い率のこと。

10　Maturity：満期のこと。

11　Yield to maturity（YTM：Yield-to-Maturity「イールド」ともよぶ）：満期までの利回りのこと。

	A	B	C	D	E	F	G	H
1	F	100						
2	C	12						
3	Y	10%						
4	T	5						
5								
6	T	1	2	3	4	5		
7	C	12	12	12	12	12		
8	F					100		
9	Total	12	12	12	12	112		
10	NPV	¥107.58	=NPV(B3,B9:F9)					

図 4–1　問題 1 のエクセル計算

価格を求める。

1. 要求される収益率（Y）10％の割引率とする。
2. クーポン（C）は1回あたり12円であり、これをキャッシュフローとしてとらえる。
3. 額面金額（F）100円と12円が満期において支払われる。
4. 要求される収益率が5％から15％まで変化すると、価格の変動はどうなるか？

解答

この確定利付債券の価格Pは、次の式で求められる。収益率が10％の場合、

$$P = \frac{12}{1+0.1} + \frac{12}{(1+0.1)^2} + \frac{12}{(1+0.1)^3} + \frac{12}{(1+0.1)^4} + \frac{12+100}{(1+0.1)^5}$$
$$= 107.58$$

収益率が5％のときの価格は130.31であるが、収益率が15％になると価格は89.94へと減少する。このように、収益率が変化することにより、価格も変動する。つまり、収益率が高く変化すると価格が下がり、収益率が低く変化すると価格が上がる。よって収益率と価格とは、逆相関の関係性があるとわかる（図4–2）。

	A	B	C	D	E
10	NPV	¥107.58	=NPV(B3,B9:F9)		
12		¥107.58	=B10		
13	5%	130.31			
14	6%	125.27			
15	7%	120.50			
16	8%	115.97			
17	9%	111.67			
18	10%	107.58			
19	11%	103.70			
20	12%	100.00			
21	13%	96.48			
22	14%	93.13			
23	15%	89.94			

図 4-2　一方向データテーブル[12]を使った感度分析

問題 2　（債券価格の計算）

2021 年 7 月に、2026 年 7 月満期の米国債を購入した。額面価格（F）は 1,000 米ドルで、クーポン率は年 4％（年利）であるが、6 か月ごとの年 2 回払いである。よって額面の 2％が 1 回のクーポン支払いである。また、4.96％が本国債の市場が要求する収益率（Y）だとすると、現在の市場価格（P）はいくらであると考えられるか？

	A	B	C	D	E	F	G	H	I	J	K	L
1	F	$1,000										
2	C	4.00%										
3	Y	4.96%										
4	T	5										
5												
6	T	1	2	3	4	5	6	7	8	9	10	
7	C	$20	$20	$20	$20	$20	$20	$20	$20	$20	$20	
8	F										$1,000	
9	Total	$20	$20	$20	$20	$20	$20	$20	$20	$20	$1,020	
10	NPV	$957.95	=NPV(B3/2,B9:K9)									

図 4-3　米国債の価格

12　One Way Data Table：エクセルのデータ分析ツールの 1 つ。

解答 ··

957.95 米ドルであると計算された。図 4-3 のように、キャッシュフローを
モデル化し、割引率＝満期までの収益率、で NPV 関数を使えば、自動的に
価格が計算される。

問題 3 （収益率の変化）

額面価格が 100 ユーロの確定利付債券で、1 年に 1 回支払いのクーポンが
60 ユーロである。もし、市場の金利が上昇した場合、本債券の以下はどう
変化するか？

a. クーポン率は？
b. 現在の債券価格は？
c. 収益率は？

解答 ··

a. 変わらない
b. 下がる。
c. 上がる。

問題 4 （収益率の計算）

クーポン率が年利 8% で、現在、市場で額面の割引価格 97 円で取引され
ている。本債券の収益率は 8% より高いか？ 8% より低いか？

解答 ·····················

高い。

たとえば、図 4-4 のようなモデル設定で、クーポン率を 8％にして、価格を 97 円にゴールシークした場合の収益率は 8.77％になり、クーポン率 8％より高いと計算される（図 4-5）。

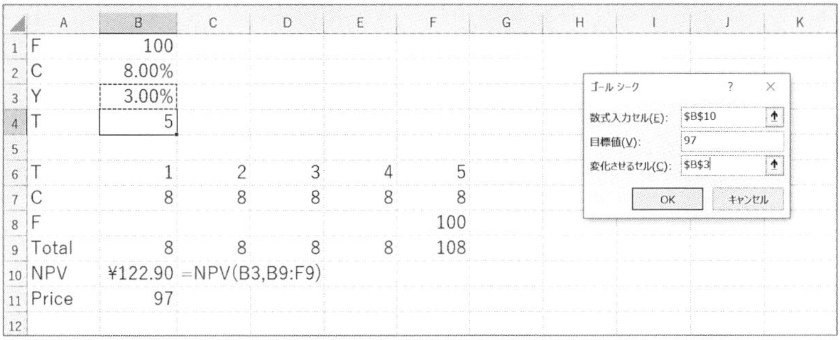

図 4-4　債券モデル

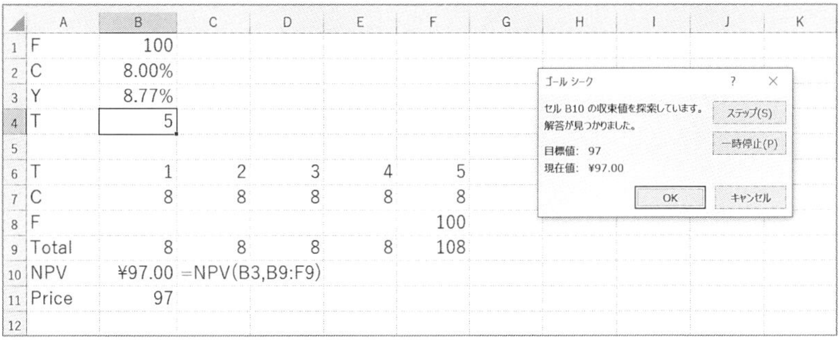

図 4-5　ゴールシークを使った収益率の計算

問題 5　（割引価格）

某債券に対して要求する収益率（Y）が、市場ではクーポン率よりも高いと考えられている。本債券の市場価格は、額面にプレミアムが付いているか（額面の 100％以上）？　それとも割引価格（額面の 100％未満）で取引が成立しているか？

解答

割引価格で取引が成立している。

クーポン率が収益率と同じとき、額面と現在の価格は同額となる。債券価格と収益率は逆相関の関係性があるので、収益率が上昇すれば、価格は下がる。よって割引価格となる。

問題 6 （プレミアム価格）

市場で「プレミアム（額面より高い価格）」がついて取引されている債券の収益率は、クーポン率よりも高いか？ それとも低いか？

解答

収益率はクーポン率より低い。

問題 5 と逆のケースである。クーポン率が収益率と同じとき、額面と現在の価格は同額となる。債券価格と収益率は逆相関の関係性があるので、プレミアムがついた価格では、収益率はクーポン率より低くなる。

問題 7 （クーポン率）

クーポン率の高い債券は、クーポン率の低い債券と比べて債券価格は高いか？ それとも低いか？

解答

高い。

クーポン率だけが高く、後の条件がすべて同じであれば、クーポン率が高い方が債券価格は高くなる。

問題 8 （収益率の計算）

下記は、10 年満期の 3 つの債券のクーポン率とその額面に対する市場価

値（％）である。クーポンは年に 1 回の支払いで、年末に支払われるとする。
これら 3 つの債券で一番高い収益率であるものはどれか？　また、一番低い
収益率はどれか？

クーポン（%）	価格（%）
2	81.62
4	98.39
8	133.42

たとえば、額面金額が 100 円（F）であると考えてみよう（図 4–6、図
4–7、図 4–8）。

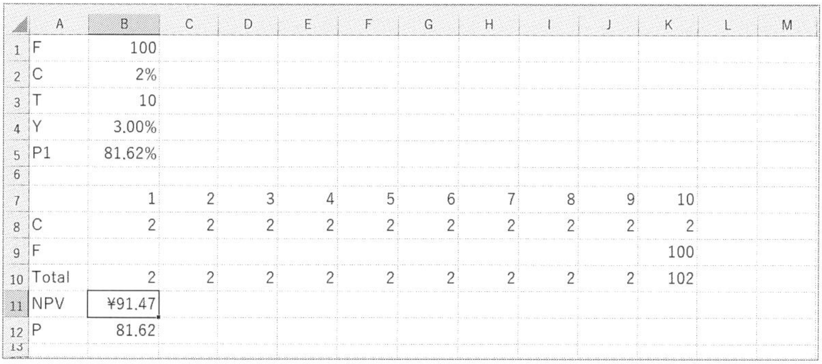

図 4–6　問題 8 モデル形成

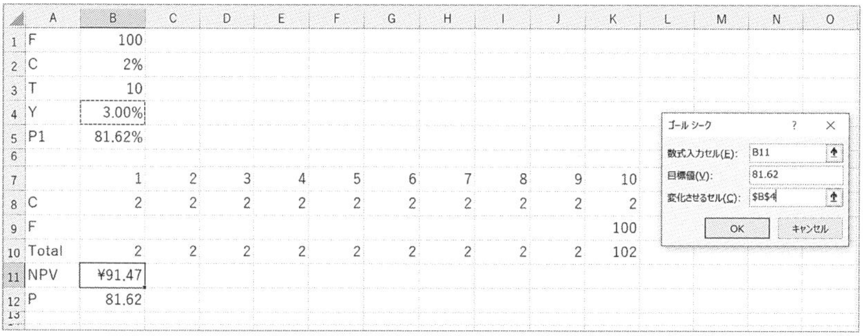

図 4-7　問題 8　ゴールシーク設定

	A	B	C	D	E	F	G	H	I	J	K	L	M
1	F	100											
2	C	2%											
3	T	10											
4	Y	4.30%											
5	P1	81.62%											
6													
7		1	2	3	4	5	6	7	8	9	10		
8	C	2	2	2	2	2	2	2	2	2	2		
9	F										100		
10	Total	2	2	2	2	2	2	2	2	2	102		
11	NPV	¥81.62											
12	P	81.62											

図 4-8　クーポン率 2%、価値 81.62%の場合

解答

上から収益率は 4.30%、4.20%、3.90% となる。

一番高い収益率はクーポン率 2% の債券。一番低い収益率はクーポン率 8% の債券とわかる。

4　ゼロクーポン債（ストリップス債）

クーポンがない債券は「ゼロクーポン債[13]（または割引債[14]）」とよぶ。米国国債のクーポンだけを別売して市場で売買されるものはゼロクーポン債であり、「ストリップス債[15]」ともよばれている。ゼロクーポン債の特徴は、以下のとおりである。

1. 満期に額面そのままを受け取る。
2. クーポンの支払いがない。
3. 初期には割り引いた金額で取引される。
4. 「額面」と「割引金額」の差が投資益となる。

13　Zero coupon bond：割引債のこと。クーポンがない債券。

14　Discount bond：割引債のこと。

15　Strip bond：ストリップ債。ゼロクーポン債のこと。

ゼロクーポン債の価格 P は、満期までの時間 t、額面金額 F、収益率 y により以下の式により計算できる。

$$P = \frac{F}{(1+y)^t}$$

問題 9 （ゼロクーポン債の収益率）

下記は 2021 年 8 月現在におけるストリップ債（ゼロクーポン債）の満期日と市場価格である。額面が＄1,000 であるとする。それぞれの収益率を求めよ。

満期日	価格（$）
a. 2022 年 8 月	955.3
b. 2023 年 8 月	910.7
c. 2024 年 8 月	862.0
d. 2025 年 8 月	810.8

解答

それぞれの収益率は、図 4–9、図 4–10、図 4–11 のゴールシークにより以下のように計算される。

a.　4.68％
b.　4.79％
c.　5.07％
d.　5.38％

	A	B	C	D	E	F	G	H	I	J	K	L
1	a.			b.				c.				
2	F	$1,000		F	$1,000			F	$1,000			
3	Y	3.00%		Y	3.00%			Y	3.00%			
4	P	955.3		P	910.7			P	862.0			
5												
6		1			1	2			1	2	3	
7	CF	1000		CF	0	$1,000		CF	0	0	$1,000	
8	PV	$970.87		PV	$942.60			PV	$915.14			
9												

図 4–9　モデル設定

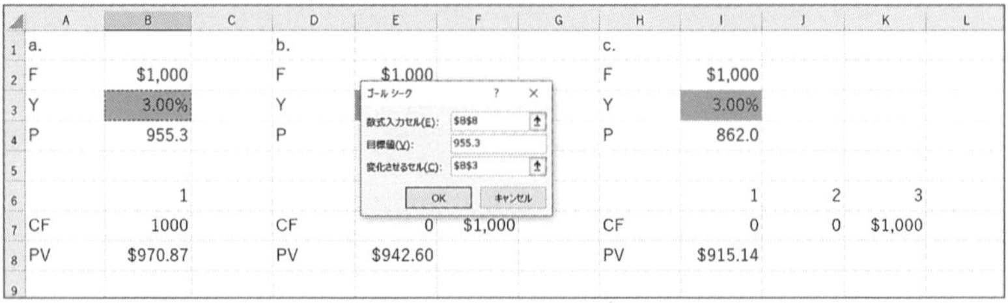

図 4–10　ゴールシーク設定

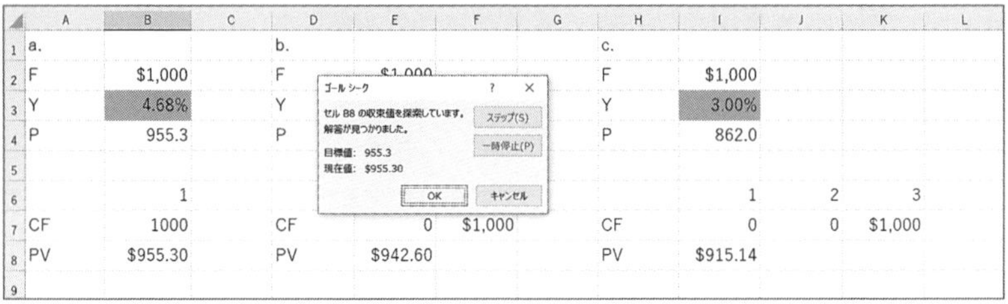

図 4–11　ゴールシーク出力

5　金利の期間構造

　問題 9 で得られた収益率と満期までの期間との関係性を図で表すと、図 4–12（「金利の期間構造」または「イールドカーブ」）のようになる。

　国債のような無リスク金利に関しては、図 4–12 のような期間と収益率の関係性を「金利の期間構造[16]」とよんでいる。無リスク以外の場合には、一般的には「イールド曲線」とよんでいる。図 4–12 のように横軸に期間、縦軸に収益率を表す図である。現時点におけるこの収益率は、「スポットレート」とよんでいる。

　一般的に期間が長くなると、収益率は右肩上がりで推移する。これは「流動性プレミアム」が付加されるからである。「流動性リスク[17]」とは、長期に債券をもつことによる、債券価格変動のリスクのことである。長期債券での

16　Term Structure of Interest Rates：金利の期間構造のこと。

17　Liquidity risk：流動性リスクのこと。

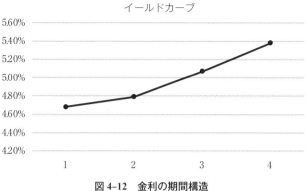

図 4-12　金利の期間構造

価格が変動するということは、満期内に売りたいとき期待した金額で売却できない可能性がある。この不確実性のリスクを「流動性リスク」とよんでおり、流動性リスクのためにプレミアムが付くため、長期債は一般的に収益率は高くなる。

また、現時点における将来の期待収益率のことを「フォワードレート[18]」とよんでいる。たとえば、現時点のスポットレートから 1 年後の期待レートを求める。

問題 9 の 1 年間のスポットレート（$r1$）が 4.68％、2 年間のスポットレート（$r2$）が 4.79％、3 年間のスポットレート（$r3$）が 5.07％、4 年間のスポットレート（$r4$）が 5.38％である。

1 年間を 4.68％（$r1$）で運用し、1 年後の 1 年間のフォワードレート（$f1$）で運用した場合にはどうなるであろうか？　この年利は、現時点で 2 年間のスポットレート（$r2$）で運用したことと等価になるはずである。したがって、

$$\left(1+r2\right)^2 = \left(1+r1\right)\times\left(1+f1\right)$$

1 年後の 1 年間のフォワードレート（$f1$）は 4.90％と求められる。同様に、1 年後の 2 年間のフォワードレートは、したがって、

18　Forward rates：フォワードレート。将来の期待金利のこと。

$$\left(1+r3\right)^{3}=\left(1+r1\right)\times\left(1+f2\right)^{2}$$

$f2$ は 5.27% と求められる。同様に、1年後の3年間のフォワードレートは、したがって、

$$\left(1+r4\right)^{4}=\left(1+r1\right)\times\left(1+f3\right)^{3}$$

$f3$ は 5.61% と計算される。

また、スポットレートからクーポン債の価格を求めることができる。

たとえば上記のスポットレートが与えられているとき、4年満期のクーポン C であるクーポン債の価格は、以下の式で求められる。

$$P=\frac{C}{\left(1+r1\right)^{1}}+\frac{C}{\left(1+r2\right)^{2}}+\frac{C}{\left(1+r3\right)^{3}}+\frac{C+F}{\left(1+r4\right)^{4}}$$

問題 10 （クーポン債券価格）

問題9で与えられたスポットレートを使って、額面100円、クーポン率10%（年1回、年度末払い）、満期4年のクーポン債の価格を求めよ。現時点は年始であると仮定する。

	A	B	C	D	E	F	G	H
1	r1	4.680%						
2	r2	4.790%						
3	r3	5.070%						
4	r4	5.380%						
5								
6	F	¥100						
7	C	10%						
8	T	4						
9								
10		1	2	3	4			
11	C	¥10	¥10	¥10	¥10			
12	F				¥100			
13	Total	¥10	¥10	¥10	¥110			
14	DF	0.95529232	0.910669	0.862112	0.8109	=1/(1+B4)^E10		
15	PV	¥9.55	¥9.11	¥8.62	¥89.20	=E13*E14		
16	P	¥116.48	=SUM(B15:E15)					
17								

図 4-13 金利の期間構造を使った債券価格の計算

解答

それぞれのスポットレートを DF（割引ファクター）に導入して計算する

と、債券価格 116.48 円と求められる（図 4–13）。

問題 11　（債券価格の収益率）

問題 10 において、この時の満期までの収益率を求めよ。

解答 ....

キャッシュフローの表から IRR（内部収益率）を求めればいい。図 4–14 から満期までの収益率は 5.32％ であると求められる。

	A	B	C	D	E	F	G	H
4	r4	5.380%						
5								
6	F	¥100						
7	C	10%						
8	T	4						
9								
10		1	2	3	4			
11	C	¥10	¥10	¥10	¥10			
12	F				¥100			
13	Total	¥10	¥10	¥10	¥110			
14	DF	0.95529232	0.910669	0.862112	0.8109 =1/(1+B4)^E10			
15	PV	¥9.55	¥9.11	¥8.62	¥89.20 =E13*E14			
16	P	¥116.48 =SUM(B15:E15)						
17								
18		0	1	2	3	4		
19	CF	-¥116.48	¥10	¥10	¥10	¥110		
20	IRR	5.32% =IRR(B19:F19)						
21								

図 4–14　収益率の計算

問題 12　（スポットからフォワードを予測）

2 年満期のゼロクーポン債の収益率は 8.995％、3 年満期のゼロクーポン債の収益率は 9.660％ である。

この情報から、本日から 2 年後の 1 年満期のフォワードレートを求めよ。

解答 ....

ゼロクーポン債の収益率はスポットレートと同じである。つまり、2 年満期のゼロクーポン債の収益率は、2 年間のスポットレートが 8.995％ を意味する。また 3 年満期のゼロクーポン債の収益率は、3 年間のスポットレート

は 9.660％である。

よって、2年後の1年間のフォワードレートは、

$$(1+0.0966)^3 = (1+0.08995)^2 \times (1+f1)^1$$

この計算により、フォワードレート（f1）は 11.002％と求められる。

6 債券価格の変化

同じ満期の債券で、クーポン率が違う2つの債券があるとする。クーポン率が違うと、金利の変動に伴い、それぞれ違った価格変動をする。クーポン率の違いが金利変動のリスク変化につながる効果を、「クーポン効果」とよんでいる。

この「クーポン効果」はクーポン債が複数のゼロクーポン債の組み合わせであるという説明で理解できる。たとえば、高いクーポン率のクーポン債は、債券投資の収益が、より近い将来に支払われると考えられる。したがって、高いクーポン率の債券は金利変動に対する値動きが少ない。逆に、低いクーポン率の債券は、投資収益が遠い将来に支払われると考えられるので、価格変動は大きい。

問題13 （クーポン効果）

3つの違った満期のクーポン債（額面 100 円、満期が2年、10年、20年）があり、それぞれ6％と8％のクーポン債がある。

クーポンは年1回、年末に支払われるとする。今は年始であるとする。このとき、収益率が、クーポン率よりプラス2％、マイナス2％変化したときのそれぞれの価格の変動を求めよ。

解答

現在価値が債券価格であることから、それぞれを計算すると以下のような

結果になる。

6%クーポン債の場合：

満期	収益率			価格変動
	4%	6%	8%	
2	¥103.77	¥100.00	¥96.43	¥7.34
10	¥116.22	¥100.00	¥86.58	¥29.64
20	¥127.18	¥100.00	¥80.36	¥46.82

8%クーポン債の場合：

満期	収益率			価格変動
	4%	6%	8%	
2	¥103.67	¥100.00	¥96.53	¥7.14
10	¥114.72	¥100.00	¥87.71	¥27.01
20	¥122.94	¥100.00	¥82.97	¥39.97

この 3 つの債券価格の変動から、以下のことが判明する。

- 長期の債券の方が、短期の債券よりも金利変動に伴う価格変化が大きい。
- クーポン率が低いと、金利変動に伴う価格変動が大きい。
- 6%クーポン債の方が 8%クーポン債よりも価格変動が大きい。よって、6%のクーポン債の方が金利リスクは大きいといえる。

7　金利変動に対するリスクモデル

これまでの議論で、以下のことが理解できる。

- 収益率と債券価格は、逆相関の関係がある。
- 長期の債券の方が、短期の債券よりも、価格変動は大きい。

- クーポン率が高い債券が、クーポン率の低い債券よりも、価格変動は小さい。

7.1 収益率と価格の関係性

金利変動に対する価格変動モデルの1つに、デュレーションモデル[19]がある。デュレーションとは、収益率の変動が債券価格の変動に影響を与える尺度である。金利リスクの変動の尺度と考えればいい。

デュレーションモデルの特徴は、以下のとおりである。

- 市場価値ベースで考えている。
- デュレーションは債券価格の変動の尺度を示す。
- 貸借対照表上で、金利変動による資産または負債価値の変動が、株主資本の変動に大きく影響する。この価値変動の評価に使われる。

また、デュレーション（単位は年である）の前提条件は、以下のとおりである。債券価格の変動は、収益率の変動と逆相関であるが、デュレーションはこの接線つまりリニア（直線）な反比例式で表されることを前提としてい

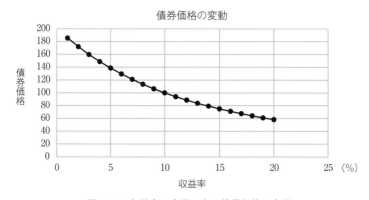

図 4-15　収益率の変動による債券価格の変動

19　Duration model：デュレーションモデルのこと。

る。デュレーションはこの接線の反比例式の傾斜（–D）を表す。

　しかし、現実には収益率の変動に対して債券価格の変動曲線はおわん型（凹型）を描く。収益率の小さな変動に対しては、デュレーションを用いた債券価格の推定は、誤差が小さいので使えるが、大きな収益率の変動に対しては、債券価格の推定値にはかなりの誤差が生じる。この誤差を補正するために、コンベクシティー[20]の補正をかければ適度に修正できる。

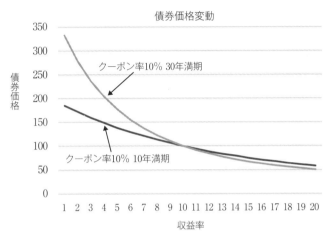

図 4-16　長期債（10 年と 30 年）の収益率と債券価格変動

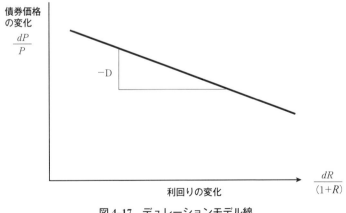

図 4-17　デュレーションモデル線

20　Convexity：コンベクシティー。

デュレーションの意義は以下のとおりである。

- デュレーションは、債券投資における、それぞれのキャッシュフローの現在価値に基づいた加重平均による期間である。
- Dモデルは、クーポン率と満期期間を考慮に入れている。
- Dモデルは、債券の収益率が変動するのに対して、債券価格がどのように変化するのかを測る基準となる。
- デュレーションは、債券の初期投資に対して、およそ何年で回収できるかといった平均回収期間を与えてくれる。

ところで、デュレーションの計算式は以下のとおりである。

$$D = \sum_{t=1}^{N}[CF_t \times t/(1+r)^t]/\sum_{t=1}^{N}[CF_t/(1+r)^t]$$

ただし、

D＝デュレーション

t＝キャッシュフローの発生時間（年）

CF_t＝t時におけるキャッシュフロー

N＝満期期間

r＝収益率

債券価格（P）はすべてのキャッシュフローの現在価値の総額であるので、デュレーションの計算式は以下のように置き換えることができる。

$$D = \sum_{t=1}^{N}\left(t \times PV(CF_t)\right)/P$$

問題14 （デュレーションモデル）

満期まで3年、クーポン率が7％で、クーポン支払いが年度末1回、額面100円の債券のデュレーションを求めよ。ただし、市場はこの債券の収益率が5％と評価している。

解答

この解答は2つの方法から求めることができる。

① 債券価格Pに対する、各キャッシュフローの現在価値の割合を求め、その値に時間を掛ける。その総和がDである（図4-18）。

	A	B	C	D	E	F
4	T	3				
5	y	8.00%				
6	r	7.00%				
8	①	1	2	3		
9	C	7	7	7		
10	F			100		
11	Total	7	7	107	=SUM(D9:D10)	
12	DF	0.92592593	0.85733882	0.79383224	=1/(1+$B$5)^D8	
13	PV	6.48148148	6.00137174	84.9400498	=D11*D12	
14	PV	97.422903	=SUM(B13:D13)			
15	Proportion	0.06652934	0.06160124	0.87186942	=D13/$B$14	
16	Proportion *t	0.06652934	0.12320248	2.61560826	=D15*D8	
17	D	2.80534008	=SUM(B16:D16)			
18						

図4-18　デュレーションの計算手法①

② 先に各キャッシュフローの現在価値に時間を掛けて、その総和を債券価格Pで割る（図4-19）。

	F	G	H	I	J	K	L
4							
5							
6							
8		②	1	2	3		
9		C	7	7	7		
10		F			100		
11		Total	7	7	107	=SUM(J9:J10)	
12		DF	0.92592593	0.85733882	0.79383224	=1/(1+$B$5)^J8	
13		PV	6.48148148	6.00137174	84.9400498	=J11*J12	
14		PV*t	6.48148148	12.0027435	254.820149	=J13*J8	
15		Total of PV*t	273.304374	=SUM(H14:J14)			
16		P	97.422903	=SUM(H13:J13)			
17		D	2.80534008	=H15/H16			
18							

図4-19　デュレーションの計算手法②

8 デュレーションによる価格変動値

デュレーションは、金利変動に対しての債券価格の変動率である。したがって、以下の式があてはまる。

$$[\Delta P/P] \div [\Delta R/(1+R)] = -D$$

$$\Delta P = -D[\Delta R/(1+R)] \times P$$

ただし、価格の変動と収益率の関係が反比例の直線で描かれることが前提条件になっている。

問題15 （価格変動とデュレーション）

次の3つの債券があるとする。債券の満期までの期間は2年で、すべての額面が1,000円である。現在の収益率が3%とする。それぞれのデュレーションを求めよ。また、収益率が3%から2%に減少したときの価格変動を求めよ。

債券1：2回の同額返済の債務で、それぞれの支払いが522.61円である。
債券2：年1回、2年にわたって3%の利息を払う。
債券3：割引債で額面が1060.90円である。

表4-1　デュレーションと債券価格変動

	収益率		D	ΔP
	3%	2%		
債券1	1000	1014.7	1.49	14.681
債券2	1000	1019.4	1.97	19.416
債券3	1000	1019.7	2.00	19.704

解答

収益率が 3% から 2% に低下することは、1% マイナスの金利変動である。マイナスの金利変動に対して、債券 1 は価格が 14.7 円の上昇、債券 2 は 19.4 円の上昇、債券 3 は 19.7 円の上昇である。それぞれの D は 1.49、1.97、2.00 であるので、デュレーションと価格変動の関係性は明確である（表 4–1）。

9　ゼロクーポン債のデュレーション

ゼロクーポン債に関しては、投資額に対して、満期においてのみ元本が 100% 返済される。したがって、「デュレーション」＝「満期までの期間」である。その他のクーポン債券に関しては、デュレーションは満期までの期間よりも短い。

デュレーションの特徴：

- デュレーションと満期期間：
  満期までの期間が長いとデュレーションも長い。
- デュレーションと満期までの収益率：
  収益率が増加するとデュレーションは減少する。
- デュレーションとクーポン率：
  クーポン率が高いとデュレーションは減少する。

問題 16　（デュレーションモデルによる価格推定）

額面 $1,000、6 年後に満期を迎える債券はゼロクーポン債で、8% の収益率を市場が要求している。

1. このゼロクーポン債のデュレーションは？
2. もし市場が本債券の要求利回りを 9% にすると、デュレーションによる推定価格と市場の価格との差はどうなるか？
3. 上記の差はなぜ起こるのか？

	A	B	C	D	E	F	G	H	I	J	K
1	F	1,000									
2	Zero coupon bond										
3	T	6									
4	r	8%									
6		1		2	3	4	5	6			
7		0		0	0	0	0	1000			
8	P	$630.17									
9	D	6									
10											
11	デュレーションによる推定										
12	ΔP	-35.00942372	=-B9*B8*0.01/(1+B4)	New P	$595.16	=B8+B12					
13	現在価値による推定			誤差	$1.11	<=実際の債券価格と収益率の関係は直線でな					
14	New P	$596.27	=NPV(0.09,B7:G7)			く、おわん型凹型であるので誤差が生じる。					

図 4–20　問題 16 のエクセルモデルと計算値

解答　(図 4–20) ……………………………………………………………………

1. デュレーションは 6（年）である。ゼロクーポン債の満期期間はデュレーションと同じである。
2. デュレーションによる推定値は 595.16 ドル、一方で、市場（現在価値レベル）による推定値は 596.27 ドルである。デュレーションモデルを使った推定値は、下記の式に値を適用して求められる。

$$\Delta P = -D \times [\Delta R / (1 + R)] \times P$$

3. デュレーションモデルが、収益率と価格が直線の関係であると仮定しているから誤差 1.11 ドルが発生する。実際には、債券価格と収益率の関係性はおわん型（凹型）であり、直線ではない。

10 コンベクシティーモデル[21]

デュレーション尺度は、おわん型（凹型）の曲線における一点の接線の傾きを変動の尺度としている。収益率の変動が大きくなればなるほど、この傾きからの変動の推定はより大きな誤差を含む。

21　Convexity model：コンベクシティーモデルのこと。

実際には、すべての債券価格と金利との関係は、直線でなくおわん型（凹型）なので、コンベクシティー調整が必要である。そこで、デュレーションモデルに以下のようにコンベクシティー調整をかける。

$$\frac{\Delta P}{P} = -D \times \left[\frac{\Delta R}{(1+R)}\right] + \frac{1}{2} \times CX \times \Delta R^2$$

ただし、

$$CX = 10^8 \times \left[(\Delta P^- + \Delta P^+)/P\right]$$

ΔP^- は金利 1BP の上昇による債券価格の下落分

ΔP^+ は金利 1BP の低下による債券価格の上昇分

BP（ベーシスポイント）のことで、1BP は 1％の 100 分の 1 である。

問題 17　（コンベクシティーモデルによる価格推定）

満期まで 6 年の某ユーロ債券は、8％のクーポン率で、現在の収益率は 8％である。現在の価格は 1000 ユーロであり、この債券のデュレーションは 4.993 である。この時、収益率が 8％から 2％上昇し、10％になった。

コンベクシティー調整をして、債券の新しい価格を推定せよ。

解答

1BP 上昇時の債券価格は、1000.4624 ユーロ、1BP 低下時の債券価格は 999.5379 ユーロである。

したがって、

$$\begin{aligned}
CX &= 10^8 \times \left[(\Delta P^- + \Delta P^+)/P\right] \\
&= 10^8 \times \left(\frac{((999.53785 - 1000) + (1000.46243 - 1000))}{1000}\right) \\
&= 28.048
\end{aligned}$$

このコンベクシティー調整値をデュレーションモデルに加えると、

$$\frac{\Delta P}{P} = -D \times \left[\frac{\Delta R}{(1+R)} \right] + \frac{1}{2} \times CX \times \Delta R^2$$

$$= -4.993 \times \frac{0.02}{1.08} + \frac{1}{2} \times (28.048) \times (0.02)^2$$

$$= -0.086$$

$$\Delta P = 1000 \times (-0.086) = -86.85$$

よって新しい債券価格は、

$$P = 1000 - 86.85 = 913.15$$

新価格は 913.15 ユーロとなる。

11 金利変動の資産・負債リスクマネジメント

　金融機関の貸借対照表のように、資産の部と負債の部に数多くの債券やローンが存在する企業の場合は、時価会計下では、金利変動に伴う債券価格変動により企業価値が変動する。金利変動により、資産変動と負債変動を伴い、結果として株主資本価値が変動する。つまり、金利リスクが株主資本価値の変化につながる。

　貸借対照表モデル：
　　資産価値 = 株主資本価値 + 負債価値
であるので、

　　株主資本価値の変動 (ΔE) = 資産価値の変動 (ΔA) − 負債価値の変動 (ΔL)
$$\Delta E = \Delta A - \Delta L$$
　なお、資産価値の金利変動は、

$$\Delta A = -D_A \times A \times \frac{\Delta R}{(1+R)}$$
　なお、負債価値の金利変動は、

$$\Delta L = -D_L \times L \times \frac{\Delta R}{(1+R)}$$

したがって、株主資本価値の金利変動は

$$\Delta E = \Delta A - \Delta L$$

$$= -D_A \times A \times \frac{\Delta R}{(1+R)} - \left[-D_L \times L \times \frac{\Delta R}{(1+R)} \right]$$

$$= -\left[D_A - kD_L \right] \times A \times \frac{\Delta R}{(1+R)}$$

$$k = \frac{L}{A}$$

よって、株主資本価値の金利変動は以下の3つの要素により決定される。

1. レバレッジ調整後のデュレーションギャップ（Dギャップ）

$$D_A - kD_L$$

2. 資産価値A

3. 金利の変動率　$\dfrac{\Delta R}{(1+R)}$

ただし、　$k = \dfrac{L}{A}$　である。

問題18 ［デュレーションモデルによるALM（資産負債マネジメント）］

　KG社の資産のデュレーションが5.00年、負債のデュレーションが3.00年である。

　経済研究所の調査によると、今後、収益率が10%から11%に変動すると予想している。金利の期間構造（イールドカーブ）が、平行移動すると想定している。

　KG社の資産が100億円、負債が90億円、現在の株主資本が10億円だとすると、株主資本はどれだけ変化すると予想されるか？

$$\Delta E = -\left[D_A - kD_L\right] \times A \times \left(\frac{\Delta R}{(1+R)}\right)$$
$$= -\left[5 - \frac{90}{100} \times 3\right] \times 100 \times \frac{0.01}{(1+0.1)} = -2.09$$

したがって、1%の金利上昇により、株主資本は 2.09 億円減少すると予想される。

問題 19　（デュレーションモデルによる株主資本推定）

KG 社の貸借対照表は、以下の表 4–2 のとおりである。

表 4–2　問題 19 の貸借対照表

資産の部	（単位：百万円）
2 年満期債券	400
1 年満期ゼロクーポン債	100
資産合計	500
負債の部	（単位：百万円）
1 年満期ゼロクーポン債	450
株主資本の部	50
負債と株主資本合計	500

1. 上記 KG 社の資産に、2 年満期の額面 4 億円、クーポン率 10%（年 1 回、年末払い）のクーポン債がある。このクーポン債のデュレーションを求めよ。ただし現在、本債券は額面＝現在の価格である。
2. KG 社のレバレッジ調整後のデュレーションギャップを求めよ。
3. KG 社の株主資本は、金利の上昇または低下によりどのように変化するか？
4. 金利リスクを完全になくすために、どのような方策を講じるべきか？

解答

資産のデュレーションは、複数ある債券デュレーションをその価値により加重平均する。

1. デュレーションは 1.909（年）である。
2. レバレッジ調整後の D ギャップは 0.8273 である。
3. 正の D ギャップであることは、金利の上昇により株主資本価値は減少する。一方、金利の低下により株主資本価値は増加する。
4. 金利リスクを完全になくすには、レバレッジ調整後のデュレーションギャップをゼロにすればよい。つまり、資産のデュレーションを下げ、負債のデュレーションを上げる。

　　金利変動を軽減するためには、資産のデュレーションを下げること。たとえば、満期期間が短い債券に置き換える。負債のデュレーションを上げる。満期期間が長い債券に置き換える。しかし、金融機関であれば、企業の収益を犠牲にすることになる。金利リスクマネジメントには、収益の減少というリスクコストがかかるのである。

問題 20　（デュレーションモデルによる ALM）

ファイター銀行の貸借対照表は表 4–3 のとおりである。下記の問いに答えよ。

1. 負債の部にある 4 年満期の中期債券のクーポン率は 4％で、支払いは年 1 回で年末に実施される。現在、額面と同額で市場で取引されている。本中期債券のデュレーションを求めよ。
2. 上記ファイター銀行の資産の加重平均デュレーションを求めよ。ただし、1 年未満満期の債券はゼロクーポン債である。
3. 負債の加重平均デュレーションを求めよ。
4. レバレッジ調整後のデュレーションギャップは？

表 4–3　ファイター銀行の貸借対照表

資産の部	価値	デュレーション
現金	20	0
短期債券（30 日満期割引債）	50	0.082
短期債券（90 日満期割引債）	60	0.247
長期債券（5 年満期）	200	4
長期債券（8 年満期）	300	7.5
長期債券（30 年満期）	150	25
固定資産（建物什器備品）	50	0
総資産	**830**	

負債の部	価値	デュレーション
短期債券（6 か月割引債）	200	0.5
中期債券（4 年満期）	150	3.5
中期債券（4 年満期クーポン債）	150	4.231
長期債券（15 年満期）	200	12
負債総額	**700**	
株主資本	**130**	

5. 全体的にイールドカーブが 1%（$\Delta R / (1+R) = 0.01$）上昇したとき、ファイター銀行の株主資本価値はどう変動するかを求めよ。

解答 ....

◢	A	B	C	D	E	F
22	T	4				
23	y	4%				
24						
25		1	2	3	4	
26	C	6	6	6	6	
27	F				150	
28	Total	6	6	6	156	
29	DF	0.961538	0.961538462	0.961538	0.961538	
30	PV	5.769231	5.769230769	5.769231	150	
31	PV*t	5.769231	11.53846154	17.30769	600	
32	Total of PV*t	634.6154				
33	P	150				
34	D	4.230769	1 の解答			

図 4–21　問題 20 の 1 の解答

図 4-22　問題 20 の 2, 3 の解答

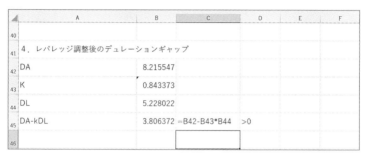

図 4-23　問題 20 の 4 の解答

	A	B	C	D	E	F
47	5．株主資本の変化は？					
48	ΔR/(1+R)	0.01				
49	ΔE	-31.5929 =-B45*B9*B48				
50	New P of E	98.40711 =B17+B49				
51	株主資本価値は３１，５９減少し，９８，４１になる。					
52						

図 4-24　問題 20 の 5 の解答

12　おわりに

　本章では、金利変動によるリスクマネジメントについて議論してきた。

　なぜ銀行のような金融機関は、金利リスクマネジメントをするのであろうか？ 上記の問題でも示されるとおり、金融機関は、負債と資産の金利差（スプレッド）により利潤を生みだすのが仕事である。

　お金を拠出（預金）する一般的な顧客である個人を守るためにも、一定レベルの株主資本を維持しなくてはならない。欧州の国際金融規制である

BASEL（バーゼル）規制により、銀行は貸出総額の一定レベル（8%）の株主資本が最低限必要とされる。

　時価会計が導入されると、資産の時価と負債の時価の変動により、株主資本の変動が伴う。この変動した株主資本が最低限のラインを下回らないように、資産と負債をマネジメントしなくてはならない。金融機関の ALM（資産負債マネジメント）とは、金利リスクから株主資本を守るための必要なリスクマネジメントなのである。

第5章

オプション

1 はじめに

　金融派生商品のオプションを学ぶことで、リスクを詳細に分析することができる。CAPM[1]で展開される資本コストの前提は、リスクの変化がそれほど激しくないことが前提である。たとえば、大企業などの経営が安定している企業においては、リスクはある程度一定しているので、資本コストを一度計算すると、将来キャッシュフローを資本コストで割り引くことで現在価値を求め、意思決定に使うことができる。

　しかし、オプション理論はリスクの変動が激しい場合に用いられる。なぜなら、オプション評価は、リスクが絶えず変化したなかでの評価がなされるからである。

　「リアルオプション」という名称で使われる、オプション理論を現実の投資の意思決定に使われることはよくある。製薬会社や石油会社のようなリスクの時間による変動が激しい場合には、オプション理論が利用される。

　このことから、リスクファイナンスにおいてオプション理論を議論することは重要である。

1　Capital Asset Pricing Model：一般的に CAPM とよばれ、資本資産価格モデルのこと。株主資本の資本コストを計算する際に使われる。

2　オプションの基本

オプションは金融派生商品の1つで、コールオプション[2]とプットオプション[3]がある。コールオプションは、ある一定期間（または特定日以前）に、原資産（たとえば株や資本市場インデックス）を、前もって決められた行使価格で、買う権利である。一方、プットオプションは、ある一定期間（または特定日以前）に、原資産を前もって決められた行使価格で、売る権利である。

コールオプションのバイヤー（買い手）は、原資産を買う権利をもつのに対し、セラー（売り手）は、権利行使されれば、原資産を売らなければならない。一方、プットオプションも同様に、バイヤー（買い手）は原資産を売る権利をもつのに対し、セラー（売り手）は、権利行使されれば、原資産を買わなければならない。

基本的なオプションに関わる用語について解説する。オプションプレミアム[4]とは、オプション権利のために支払われる価格または価値のことをいう。アメリカンオプションとは、権利行使期間中いつでも行使できるオプションをいい、ヨーロピアンオプションとは、権利行使日（満期日）にのみ権利行使できるオプションをいう。権利行使日におけるオプションの利得は、原資産(株など)の行使価格とその時の原資産の価値によって決定される。

コールオプションの買い手の利得を考えてみる。たとえば、行使価格が80のオプション（権利行使時の）利得は、表5–1、図5–1（行使価格80のコールオプションとプットオプションの利得直線）のとおりである。

もし、このコールオプションを取得するために支払ったオプションプレミアムが10であるとすると、プレミアムを加味した利得直線は図5–2のようになる。

一方、同様に行使価格80のプットオプションの権利行使時の利得直線

2　Call option：コールオプションのこと。

3　Put option：プットオプションのこと。

4　Option premium：オプションプレミアム、オプション価格のこと。

表 5–1　行使価格 80 のオプションの利得

原資産価格	60	70	80	90	100
コールオプション利得	0	0	0	10	20
プットオプション利得	20	10	0	0	0

コールオプションの利得

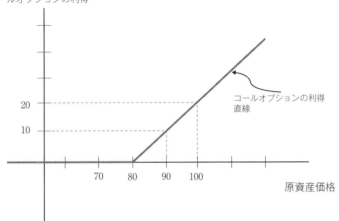

図 5–1　行使価格 80 のコールオプションの利得直線

コールオプションの利得

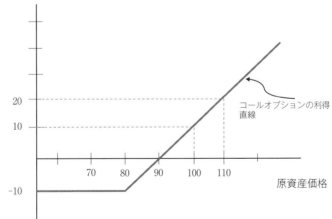

図 5–2　オプションプレミアムを加味したコールオプションの利得直線

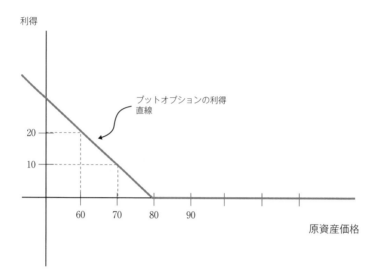

図 5–3　行使価格 80 のプットオプションの利得直線

は、図 5–3 に示すとおりである。

　また、このプットオプションを購入するのに支払ったオプションプレミアムが 10 であったとすると、プレミアムを加味した利得直線は図 5–4 のようになる。

　次に、コールオプションのセラー（売り手）の利得はどうなるだろうか？　このコールオプションを売った価格であるオプションプレミアム 10 を加味すると図 5–5 のようになる。

　なお、プットオプションのセラー(売り手)の利得線は図5–6のようになる。

3　プットコールパリティ[5]

　戦略 1 として、国債のような無リスク資産である額面 80 のゼロクーポン債に投資する（図 5–7）。同時に、行使価格 80 のコールオプションを購入す

5　Put-Call Parity：プットコールパリティ。

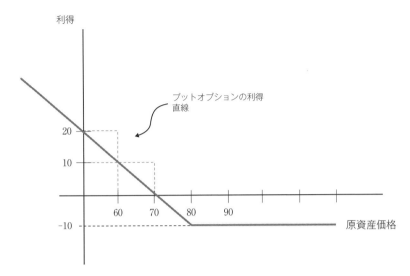

図5–4 オプションプレミアムを加味したプットオプションの利得直線

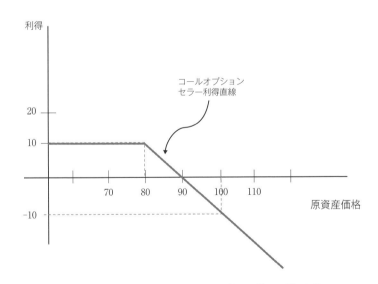

**図5–5 コールオプション セラー（売り手）の利得直線
（オプションプレミアムを加味した場合）**

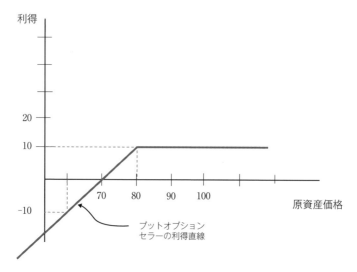

図 5-6　プットオプション　セラーの利得直線
（オプションプレミアムを加味した場合）

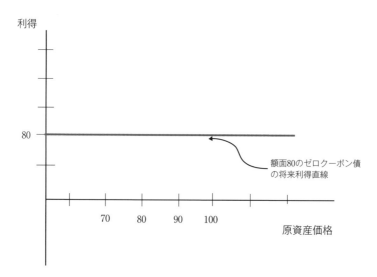

図 5-7　額面 80 のゼロクーポン債の将来利得

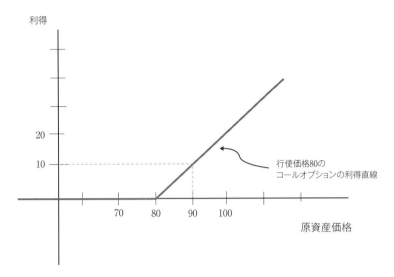

図 5-8　行使価格 80 のコールオプションの将来利得

る戦略をとる。そのコールオプションの利得は図 5-8 のようになる。

　上記 2 つを合体させるとその利得は、図 5-9 のようになる。

　次に、戦略 2 として、上記コールオプションの原資産の株を購入し（図 5-10）、同時に、その株を原資産とする行使価格 80 のプットオプションを購入する（図 5-11）。

　戦略 2 の利得線は図 5-12 のとおりである。

　戦略 1 の利得線（図 5-9）と戦略 2 の利得線（図 5-12）は同じである。したがって、プットオプションとコールオプションとの関係は、以下の式のようになる。

$$C_0 + E\,e^{-rt} = P_0 + S_0$$

　ただし、コールオプションの価格を C_0、行使価格を E、原資産（株）の価格を S_0、同じ行使価格のプットオプションの価格を P_0、無リスク金利（年利率）を r、満期までの時間を t として、この式を展開する。

　プットの価値 ＝ コールの価値 ＋ 行使価格の現在価値 − 原資産価格

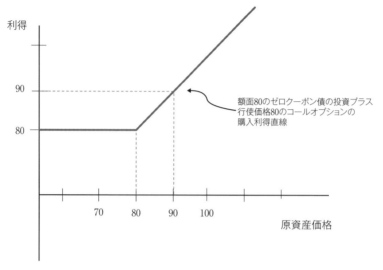

図 5-9　額面 80 のゼロクーポン債への投資と
行使価格 80 のコールオプションの購入戦略

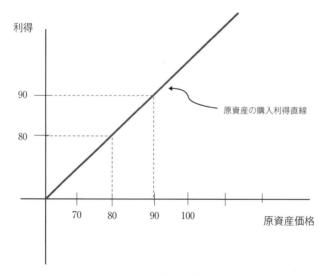

図 5-10　原資産の株の購入

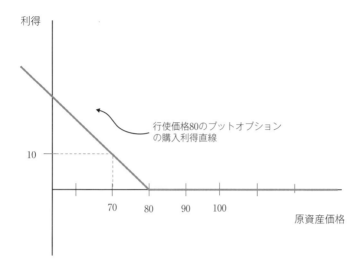

図 5–11　株の行使価格 80 のプットオプション

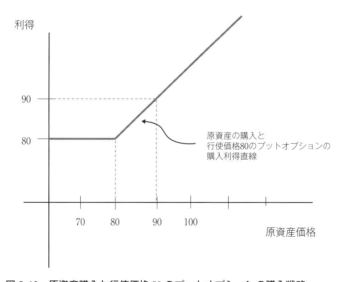

図 5–12　原資産購入と行使価格 80 のプットオプションの購入戦略

$$P_0 = C_0 + Ee^{-rt} - S_0$$

ちなみに、Ee^{-rt} は、行使価格の現在価値を表している。

オプション価格を計算するときには、連続複利の考え方を導入する。その理由として、オプションのリスクは時間により絶えず変化していくからである。

連続複利とは、複利計算を無限小の期間で複利計算することである。たとえば 1 円の投資が、1 年間の金利（年利率）r で連続複利だと 1 年後の将来価値は以下のようになる。

$$e^{rt}$$

よって、連続複利の考えからでの割引率は、

$$e^{-rt}$$

となる。

問題 1 （連続複利）

2021 年 3 月、アマゾン社株を原資産とする 4 か月満期のコールオプション、行使価格 \$40 を \$2.85 で購入した。現在のアマゾン社の株価は \$39 である。無リスク金利は 5.3％である。連続複利で考えてみよう。

このアマゾン社株と同じ満期で、同じ行使価格のプットオプションの価格はいくらと予想するか？ ただし、このアマゾン社株のオプションはヨーロピアンオプションであるとする。この期間、アマゾン社は配当を払っていない。

解答

$$P_0 = C_0 + E \times e^{-rt} - S_0$$
$$P_0 = 2.85 + 40 \times e^{-0.053 \times 0.333} - 39 = \$3.15$$

4 オプション価格を決定する要素

オプション価格を決める要素は以下の6つである。

1. 原資産価格　S
2. 行使価格　E
3. 株の収益率のボラティリティ（収益率（年間）の標準偏差）=V
4. オプションの満期までの期間　t（日数 /365）
5. 時間価値（割引率）　r
6. 配当の現在価値　$Div \times e^{-rt}$

これらの要素が上昇したときのコールオプションの価格変動は、表5–2 に示すとおりである。

表5–2　オプション決定要素とオプション価格の変化

		変化	コールオプション価格の変化
1	原資産価格	＋	＋
2	行使価格	＋	－
3	原資産の収益率ボラティリティ	＋	＋
4	オプションの期間	＋	＋
5	時間価値（割引率）	＋	＋
6	配当の現在価値	＋	＋

5 オプション価格モデル

現代ファイナンスは、プロジェクトの価値評価や資産価値などは、割引キャッシュフロー[6]の手法を使って、その現在価値をプロジェクト価値とし

6　Discounted cash flow models or DCF models：割引キャッシュフローモデルのこと。

て求めるのが一般的である。それでは、なぜ割引キャッシュフローモデル
は、オプション価格モデルに使うことができないのであろうか？

　この理由は、割引キャッシュフローモデルが一定の割引率で現在価値を求
めるのに対し、オプションでは、1つの確定した割引率をみつけることが不
可能であるからである。なぜなら、オプションのリスクは、時間と原資産で
ある株の価格変動によって絶えず変化するからである。

5.1　複製ポートフォリオ法

　オプション価格を求めるために、原資産である株と同時に借り入れをする
「複製ポートフォリオ[7]」を想定することで、オプション価格が決定できるこ
とを、フィッシャーブラックとマイロンショールズが発見した。つまり「オ
プション価格を計算するには、株に投資すると同時に借り入れを行う。この
正味コストが、オプション購入の価格と等価である」としてオプション価格
は求められる。

　たとえば、KG 社の株を想定しよう。KG 社株はそのコールオプションの
行使価格が 50 であり、行使の満期期間は 1 年である。現在の株価は 50 であ
るとする。KG 社株は満期時に 2 つの価格 40 か 60 のいずれかになるとする。
その時のコールオプションの利得はどうなるであろうか？

　それでは、KG 社株の 2 分の 1 を現在の株価 50 で購入する。同時に、銀
行から 10％の金利（年利）で 18.18 を借り入れる。このポートフォリオの 1
年後の利得はどうなるであろうか？

　この複製ポートフォリオの 1 年後の利得は、オプションの満期時の利得に
等しい。よって、この複製ポートフォリオの正味コストがオプションコスト
と等価である。

　複製ポートフォリオの正味コストは、

$$50 \times \frac{1}{2} - 18.18 = 25 - 18.18 = 6.82$$

7　Replicating portfolio：複製ポートフォリオ法のこと。

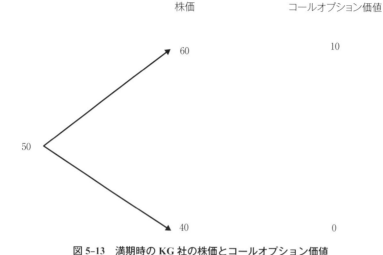

図 5-13　満期時の KG 社の株価とコールオプション価値

表 5-3　複製ポートフォリオの 1 年後の利得

		株価	
		40	60
1	1/2 株	20	30
2	18.18 借り入れの元本と金利の返済	–20	–20
	1 年後の利得	0	10

よって、コールオプションの価格は 6.82 である。

問題 2　（複製ポートフォリオ法によるオプション価格計算）

　ファイターズ社株を想定しよう。ファイターズ社株はそのコールオプションの行使価格が 80 であり、行使の満期期間は 6 か月である。現在の株価は80 である。

　ファイターズ社株は満期時に 2 つの価格 60 か 106.67 のいずれである。こ

の時の行使価格 80 のコールオプションの価格はどうなるであろうか？　ちなみに、銀行からは 5％ の金利（年利または 6 か月 2.5％）で借り入れることができる。

解答

ファイターズ社のコールオプションと等価になる株数を求めるには、そのヘッジ率（オプションデルタ）を以下の式により求める。

$$オプションデルタ = \frac{コールオプション価値の変動}{株価の変動}$$

$$= \frac{26.67 - 0}{106.67 - 60} = \frac{26.67}{46.67} = \frac{4}{7}$$

したがって、ファイターズ社株の 4/7 を価格 80 で購入する。そして、銀行から 6 か月 2.5％ で金額 X（X を求める）を借り入れる。その時のファイターズ社の利得は表 5–4 より、

表 5–4　複製ポートフォリオの 6 か月後の利得

		株価	
		60	106.67
1	4/7 株	34.29	60.95
2	借り入れ X の元本と金利の返済	−X x1.025	−X x1.025
	6 か月後の利得	0	26.67

借入額 X を求めるには、

$$34.29 - X \times 1.025 = 0$$

$$X = \frac{34.29}{1.025} = 33.45$$

コールオプション価格 = 80 の（4/7）株の価値 −33.45 を銀行からの借り入れ

$$= 80 \times (4/7) - 33.45 = 12.26$$

5.2 　リスク中立法

オプション価格を求めるには、複製ポートフォリオ法のほかに、リスク中立を想定して算出する方法がある。この手法では、投資家がリスクに対して敏感に反応しないリスクニュートラル[8]（リスク中立）な仮想空間を考える。そして、将来のオプションの価値を無リスク金利で割り引くことでオプション価格を求めることができる。

たとえば前述のファイターズ社の問題で、もし、私たちがリスクに対して中立（リスクニュートラル）であれば、ファイターズ社の株を原資産とするコールオプションの期待収益率は、無リスク金利 2.5% と等価のはずである。

株価変動の確率（上昇確率と下落確率）は以下のように求められる。ファイターズ社株が次の 2 つの可能性で変動すると仮定するとき、

(1) 上昇時の収益率：+33.3%（=（106.67/80）-1）で 106.67 に変動する。
(2) 下降時の収益率：-25%（=60/80-1）で 60 に変動する。

リスク中立空間では図 5–14 のような二項分布で考える。

その時、期待収益率と無リスク金利が等価になるので、株価上昇の確率を P とすると、

$$33.33\% \times P + (-25\%) \times (1-P) = 2.5\%$$

したがって、上昇確率は、P=47.1%

上昇確率が 47.1% であると、下落確率は 1 - 47.1% = 52.9% である。

この確率は、真にファイターズ社株が上昇する確率ではない。なぜなら、投資家は通常はリスクを避ける傾向にあるからである。そのため、通常リスクを伴う場合、リスクに見合った収益率（無リスク金利＋リスクプレミアム α）を要求するはずである。よって、本来の上昇確率は 47.1% よりも大きいはずである。

8　Risk neutral：リスクニュートラル。リスク中立のこと。

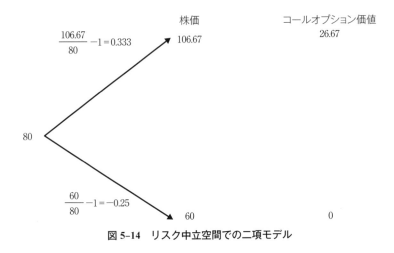

図 5-14　リスク中立空間での二項モデル

しかし、ここはリスク中立空間なので、このリスクプレミアムが発生しないと仮定している。

株価が上昇する確率は以下のようにも求めることができる。

$$P = \frac{無リスク金利 - 下落変動率}{上昇変動率 - 下落変動率} = \frac{0.025 - (-0.25)}{0.333 - (-0.25)} = 0.471$$

したがって、ファイターズ社のコールオプション価値（満期 6 か月後）は以下のように求められる。

満期時のコールオプション価値
$$= [上昇確率 \times 26.67] + [(1 - 上昇確率) \times 0]$$
$$= (0.471 \times 26.67) + (0.529 \times 0) = 12.57$$

上記は満期時のオプション価格である。現在のコールオプション価格は、この満期時の価値を無リスク金利で割り引くと求められる。

$$C_0 = \frac{12.57}{(1 + 0.025)} = 12.26$$

6 ブラック・ショールズ・オプション価格モデル (BS モデル)

1973 年、フィッシャー・ブラック、ロバート・マートン、マイロン・ショールズがオプション価格を算出するモデルを提唱した。このモデルにより、彼らはノーベル経済学賞を受賞した。

この BS モデルは、原資産 (株価) の変動が対数正規分布に従うと仮定し、ヨーロピアンコールオプションまたはヨーロピアンプットオプションの価格を求めるために頻繁に使われている。一方、アメリカンオプションは通常二項分布モデルで説明される。

BS モデルは、

- S= 現在の株価
- T= 行使期間 (時間)
- E= 行使価格
- r= 無リスク金利 (これは連続複利で考える)
- σ= 株収益率のボラティリティ (年率)
- y= 年間支払われる配当率 (株価に対するパーセント)
- N (d₁) = 累積確率 (正規分布) エクセル関数：NORM.S.DIST ( ) を使う。

現在のコールオプション C_0 は以下の式で表される。

$$C_0 = S \times N\left(d_1\right) - E \times e^{-rT} \times N\left(d_2\right)$$

ただし、

$$d_1 = \frac{Ln\left(S/E\right) + \left(r - y + \dfrac{\sigma^2}{2}\right)T}{\sigma\sqrt{T}}$$

$$d_2 = d_1 - \sigma\sqrt{T}$$

$N\left(d_1\right)$ は、標準正規分布における d_1 以下の累積確率である。

問題 3 （BS モデル）

マイクロソフト株を原資産とするコールオプションが以下の条件であるときのコールオプション価格を求めよ。

条件：

- 行使価格が $150 である。
- 現在の株価が $160 である。
- 無リスク金利が $r=5\%$である。
- 満期までの期間が 6 か月である。
- 株の収益率のボラティリティが年間 30％である。
- 配当はないとする。

解答

エクセルの関数を駆使してコールオプションの価格は 20.92 ドルと求められる（図 5–15）。

▲	A	B	C	D	E	F	G	H	I
1	BS Model								
2									
3	S	160							
4	E	150							
5	r	5%							
6	T	0.5							
7	σ	30%							
8									
9	Co	$20.92							
10	d1	0.52815	=(LN(B3/B4)+(B5+0.5*B7^2)*B6)/(B7*SQRT(B6))	N(d1)	0.701304	=NORM.S.DIST(B10,TRUE)			
11	d2	0.316023	=B10-B7*SQRT(B6)	N(d2)	0.62400733	=NORM.S.DIST(B11,TRUE)			
12									

図 5–15　BS モデル（エクセル表）

問題 4 （BS モデル）

以下と想定する。

- KG 社株の現在の価格　100。
- ヨーロピアンコールオプションは満期まで 7 年で行使価格　95。

- 無リスク金利（年利）　5%。
- 株価収益の標準偏差　σ＝47%。
- 配当は支払われないとする。

1. BS モデルから上記のコールオプション価格を求めよ。
2. 行使価格が 95 のプットオプション価格を求めよ。
3. 満期までの期間が 1 年から 10 年の場合、コールオプション価格はどう変化するか？
4. ボラティリティが 10% から 100% の場合、コールオプション価格はどう変化するか。

解答 ··

1	BS Model			
2				
3	S	100		
4	E	95		
5	r	5%		
6	T	7.0		
7	σ	47%		
8				
9	Co	57.15	=B3*E10-B4*EXP(-B5*B6)*E11	
10	d1	0.94446	=(LN(B3/	N(d1)	0.82753 =NORM.S.DIST(B10,TRUE)
11	d2	-0.299040	=B10-B7*	N(d2)	0.38245 =NORM.S.DIST(B11,TRUE)
12				
13	Po	24.10	=B9+B4*EXP(-B5*B6)-B3	
14				

図 5–16　問題 4 のエクセル表

1. 図 5–16 のエクセル関数を駆使して、コールオプション価格は 57.15 と求まる。
2. 行使価格が同じプットオプション価格は、プットコールパリティから 24.10 と求まる。
3 と 4. に関してはエクセルのデータテーブルを使う。

	A	B	C	D	E	F	G	H	I	J	K	L	M	N
4	E	95												
5	r	5%												
6	T	7.0												
7	σ	47%												
8														
9	Co	57.15	=B3*E10-B4*EXP(-B5*B6)*E11											
10	d1	0.94446	=(LN(B3/ N(d1)		0.82753	=NORM.S.DIST(B10,TRUE)								
11	d2	-0.299040	=B10-B7* N(d2)		0.38245	=NORM.S.DIST(B11,TRUE)								
12														
13	Po	24.10	=B9+B4*EXP(-B5*B6)-B3											
14														
15	57.15	10%	20%	30%	40%	50%	60%	70%	80%	90%	100%			
16	1													
17	2													
18	3													
19	4													
20	5													

データテーブル ? ×

行の代入セル(R): $B$7

列の代入セル(C): $B$6

OK キャンセル

図 5–17 2 方向データテーブルの設定

「データ」から「What if 分析」、そして「データテーブル」行のセルにボラ
ティリティ (σ) のセルを、列のセルに期間 (T) のセルを入力し OK をクリッ
ク (図 5–17)。

図 5–18 内の値は、ボラティリティ (横軸) と満期までの期間 (縦軸) を変
化させたときのコールオプションの価格表である。

	A	B	C	D	E	F	G	H	I	J	K	L	M
10	d1	0.94446	=(LN(B3/ N(d1)		0.82753	=NORM.S.DIST(B10,TRUE)							
11	d2	-0.299040	=B10-B7* N(d2)		0.38245	=NORM.S.DIST(B11,TRUE)							
12													
13	Po	24.10	=B9+B4*EXP(-B5*B6)-B3										
14													
15	57.15	10%	20%	30%	40%	50%	60%	70%	80%	90%	100%		
16	1	10.41	13.35	16.80	20.38	23.98	27.57	31.13	34.63	38.07	41.44		
17	2	14.99	18.93	23.61	28.44	33.27	38.03	42.67	47.17	51.50	55.65		
18	3	19.18	23.64	29.09	34.73	40.33	45.78	51.03	56.02	60.75	65.17		
19	4	23.10	27.84	33.82	40.01	46.12	52.01	57.60	62.84	67.69	72.13		
20	5	26.80	31.68	38.02	44.61	51.07	57.23	62.99	68.30	73.12	77.45		
21	6	30.32	35.23	41.82	48.68	55.37	61.68	67.50	72.78	77.48	81.60		
22	7	33.66	38.54	45.29	52.33	59.16	65.53	71.34	76.51	81.03	84.90		
23	8	36.85	41.64	48.48	55.64	62.54	68.91	74.63	79.65	83.95	87.55		
24	9	39.88	44.56	51.44	58.65	65.56	71.89	77.49	82.32	86.37	89.70		
25	10	42.77	47.31	54.18	61.41	68.30	74.53	79.98	84.59	88.40	91.45		
26													

図 5–18 2 方向データテーブルを使った感度分析

7　インプライドボラティリティ[9]

リスクの尺度であるボラティリティ σ（シグマまたは標準偏差）について議論しよう。ボラティリティを求めるには、次の 2 つの方法がある。

1.　過去の株価から今後のボラティリティを推測する。オプション価格は原資産の将来のボラティリティにより価値が決定される。
2.　もし、オプション価格が公表されていれば、そのオプション価格が BS モデルに従うとし、逆算してボラティリティを求めることができる。これをインプライドボラティリティとよんでいる。

問題 5　（ボラティリティの計算）

過去の株価の変化からボラティリティを予想してみよう。図 5–19 はマイクロソフト社株の四半期の株価の推移である。四半期のボラティリティを求めよ。注意することは、連続複利で考えることである。そのとき、収益率 r は

$$e^r = \frac{P(t+1)}{P(t)}$$

から、

$$r = \mathrm{Ln}\left[\frac{P(t+1)}{P(t)}\right]$$

また、v が単位時間あたりのボラティリティであるとき、t 単位時間のボラティリティは $v\sqrt{t}$ で求められる。つまり、四半期から求めた v の値から、1 年間のボラティリティ値を推定するとき、$\sqrt{4}=2$ なので 2 倍するとよい。

9　Implied volatility：インプライドボラティリティのこと。

もし、1年間の v 値から、1日のボラティリティ値（トレード日数252日とする）を推定するとき、1年の値を $\sqrt{\dfrac{1}{252}}$ 倍するとよい。

解答 ....

四半期のボラティリティは16.51％。1年間のボラティリティは33.0％である（図5-19）。

市場のオプション価格から原資産のボラティリティを求めてみよう。市場で売買されているオプション価格から株の収益率ボラティリティ σ（標準偏差）を求めるには、σ を使ったBSモデルで計算されたオプション価値が市場価値と等価になるような σ を求めるとよい。

このようにして求められたものをインプライドボラティリティとよぶ。もし無リスク金利（年利）を r とすると、連続複利の無リスク金利は $Ln\,(1+r)$ で表される。

▲	A	B	C	D	E	F	G	H	I
1									
2	期間 #	日	株価	P(t+1)/P(t)	LN(P(t+1)/P(t))				
3	1	Jul-95	90.5						
4	2	Oct-95	100	1.104972376	0.099820335				
5	3	Jan-96	92.5	0.925	-0.077961541				
6	4	Apr-96	113.25	1.224324324	0.20238912				
7	5	Jul-96	117.875	1.040838852	0.040026977				
8	6	Oct-96	137.25	1.164369035	0.152179339				
9	7	Jan-97	204	1.486338798	0.396315913				
16	14	Oct-98	423.5	0.99006429	-0.009985399				
17	15	Jan-99	700	1.652892562	0.502526821				
18	16	Apr-99	650.5	0.929285714	-0.073339037				
19				四半期 σ	0.165192579	=STDEV.S(E4:E18)			
20				年 σ	0.330385159	=E19*2			
21									

図 5-19 ボラティリティ

問題 6 （インプライドボラティリティの計算）

アマゾン社株の現在の株価は74.94である。行使価格が75、満期までの期間が75日、無リスク金利年率が5.47％のプットオプション価格が7.625で

あるとき（図5–20）、インプライドボラティリティを求めよ。

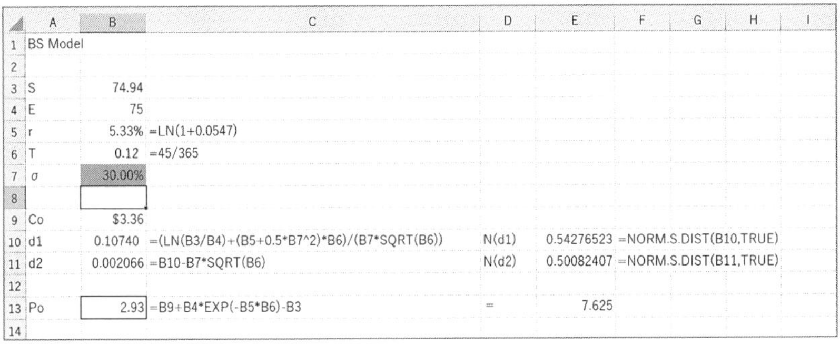

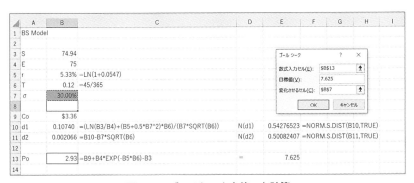

図5–20 アマゾン社株のコールオプションの BS モデル

仮にボラティリティが30％であるとして、モデル内に入力する。そうすると、プットオプションの価格は2.93 と計算される。

「データ」から「What if 分析」で「ゴールシーク」を選び、プットオプション価格のセル＝7.625 に設定し、σのセルを変化させる（図5–21）。出力されたσは 75.10％である（図5–22）。

図5–21 ゴールシークを使った計算

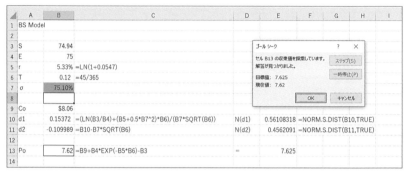

図 5-22　ゴールシークの結果

　IBM 社株の現在の株価は 145 1/8 である（図 5-23）。64 日後満期を迎える 3 つのコールオプションが以下の条件であるとき、IBM 社株の収益率インプライドボラティリティを求めよ。また、無リスク金利は年利で6.36％である。

1. コールオプションの行使価格 140、現在の価格が 12 である。
2. コールオプションの行使価格 150、現在の価格が 6.25 である。
3. コールオプションの行使価格 160、現在の価格が 3.125 である。

　ヒント：推定誤差の平方根を求めて、SSE（sum of squared error）を計算する。そして、SSE 値を最小値とする σ を求める。エクセルのアドインソフトのソルバーを使う（図 5-24）。

解答

32.81％がインプライドボラティリティである（図 5-25）。

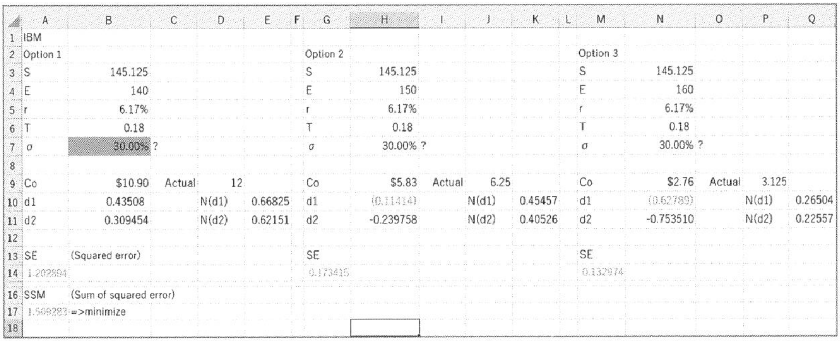

	A	B	C	D	E	G	H	I	J	K	M	N	O	P	Q
1	IBM														
2	Option 1					Option 2					Option 3				
3	S	145.125				S	145.125				S	145.125			
4	E	140				E	150				E	160			
5	r	6.17%				r	6.17%				r	6.17%			
6	T	0.18				T	0.18				T	0.18			
7	σ	30.00%	?			σ	30.00%	?			σ	30.00%	?		
8															
9	Co	$10.90	Actual	12		Co	$5.83	Actual	6.25		Co	$2.76	Actual	3.125	
10	d1	0.43508		N(d1)	0.66825	d1	(0.11414)		N(d1)	0.45457	d1	(0.62789)		N(d1)	0.26504
11	d2	0.309454		N(d2)	0.62151	d2	-0.239758		N(d2)	0.40526	d2	-0.753510		N(d2)	0.22557
12															
13	SE	(Squared error)				SE					SE				
14	1.202894					0.173415					0.132974				
16	SSM	(Sum of squared error)													
17	1.509283	=>minimize													
18															

図 5-23　BS モデル

図 5-24　ソルバーの設定

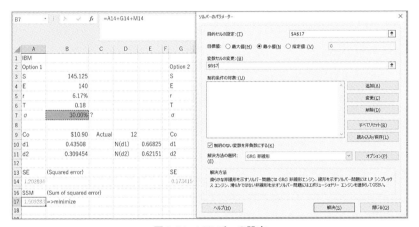

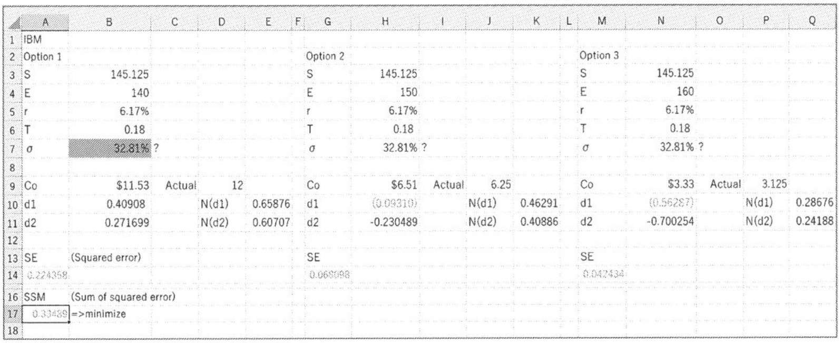

	A	B	C	D	E	G	H	I	J	K	M	N	O	P	Q
1	IBM														
2	Option 1					Option 2					Option 3				
3	S	145.125				S	145.125				S	145.125			
4	E	140				E	150				E	160			
5	r	6.17%				r	6.17%				r	6.17%			
6	T	0.18				T	0.18				T	0.18			
7	σ	32.81%	?			σ	32.81%	?			σ	32.81%	?		
8															
9	Co	$11.53	Actual	12		Co	$6.51	Actual	6.25		Co	$3.33	Actual	3.125	
10	d1	0.40908		N(d1)	0.65876	d1	(0.09310)		N(d1)	0.46291	d1	(0.56287)		N(d1)	0.28676
11	d2	0.271699		N(d2)	0.60707	d2	-0.230489		N(d2)	0.40886	d2	-0.700254		N(d2)	0.24188
12															
13	SE	(Squared error)				SE					SE				
14	0.224358					0.068098					0.042434				
16	SSM	(Sum of squared error)													
17	0.33489	=>minimize													
18															

図 5-25　ソルバーの結果

8 コールオプションとしての株主資本

たとえば、KG社の負債価値が800であるとする。株主はそのKG社のコールオプションをもっていると理解することができる。もし、KG社のキャッシュフローが800を超えるとすると、株主は行使価格800で権利を行使し、残りのキャッシュフロー（残価）を得る。

もしKG社のキャッシュフローが800を下回ると、株主は権利を行使しない。何も得るものなく立ち去ることになる。

このように図5-26が示すのは、行使価格800のコールオプションと同じ利得線である。よって負債がある企業の場合、株主はこのコールオプションをもっていると考えることができる。

この時、原資産は企業の総資産であり、行使価格は負債総額である。もし、負債の満期において、企業の総資産が負債より大きい場合、株主はコールオプションの「イン・ザ・マネー[10]」の状態にある。投資家は債権者に行使

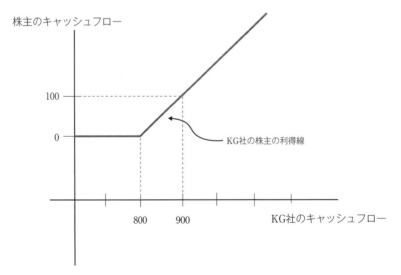

図5-26 KG社の株主のキャッシュフロー

---

10 In the money：イン・ザ・マネーのこと。行使すればプラスの利得がある状態のこと。

価格を支払い、企業の残価を得る。もし、負債の満期において、企業の資産が負債より小さい場合、株主はコールオプションの「アウト・オブ・ザ・マネー[11]」の状態にある。投資家は権利行使せず、倒産を宣言し立ち去る。

たとえば、下記の 2 社、KG 社とファイターズ社の合併を考える。この合併は、リスク分散を目的としたものでシナジー効果の目的ではないとする。無リスク金利は 4％である。この時、KG 社、ファイターズ社の市場価値は表 5–5 以下のとおりである。

表 5-5　KG 社とファイターズ社の市場価値

	KG 社	ファイターズ社
総資産価値（億円）	40	15
負債の総額（億円）	18	7
負債の満期（年）	4	4
資産収益率の σ	40％	50％

S：総資産価値、E：負債の総額、T：負債の満期までの期間、ボラティリティ：資産収益率の σ である。この時、BS モデルを使いオプション価値つまり株主価値を求める。

図 5–27 から、KG 社の株主価値は 25.68 であり、ファイターズ社の株主価値は 9.87 と求められる。負債価値（市場価値）＝総資産価値 − 株主価値であるので、負債価値は、KG 社が 14.32、ファイターズ社は 5.13 となる（表 5–6）。

この合併はリスク分散のための合併であるので、合併後の資産収益率の標準偏差は小さくなり 30％であるとする。合併会社の総資産価値 ＝40＋15＝55、合併会社の負債総額 ＝18＋7＝25 である。このとき、S＝55、E＝25、T＝4、σ ＝30％として BS モデルにより株主資本を求める。

図 5–28 から、株主資本価値は、34.12 と求められる。

合併前と合併後の株主価値を比較すると、合併前は KG 社の株主資本＋ファイターズ社の株主資本 ＝25.68＋9.87＝35.55。合併後は 34.12 である（表 5–7）。株主価値は合併により、35.55 − 34.12 ＝1.43 減少した。

11　Out of the money：アウト・オブ・ザ・マネー。行使しても利得がない状態のこと。

▲	A	B	C	D	E	F	G	H	I	J	K	L
1	BS Model											
2	KG社					ファイターズ社						
3	S	40				S		15				
4	E	18				E		7				
5	r	3.92%				r		3.92%				
6	T	4.00				T		4.00				
7	σ	40.00%				σ		50.00%				
8												
9	Co	25.68				Co		9.87				
10	d1	1.59424	N(d1)	0.94456		d1		1.41902	N(d1)		0.92205	
11	d2	0.794238	N(d2)	0.78647		d2		0.419023	N(d2)		0.6624	
12												

図 5-27 KG 社とファイターズ社の BS モデル

表 5-6 KG 社とファイターズ社の株主価値と負債価値

	KG 社	ファイターズ社
株主価値（億円）	25.68	9.87
負債価値（億円）	14.32	5.13
総資産価値（億円）	40	15

▲	A	B	C	D	E	F
1	BS Model					
2	KG+ファイターズ社					
3	S	55				
4	E	25				
5	r	3.92%				
6	T	4.00				
7	σ	30.00%				
8						
9	Co	34.12				
10	d1	1.87557		N(d1)	0.96964	
11	d2	1.275567		N(d2)	0.89895	
12						
13						

図 5-28 合併会社の BS モデル

表 5-7 合併後の株主価値と負債価値

	合併後（KG＋ファイターズ）
株主価値（億円）	34.12
負債価値（億円）	20.88
総資産価値（億円）	55

　一方、負債価値はどう変化したであろうか？　合併前は 14.32 + 5.13 = 19.45。合併後は 20.88。よって、負債価値は 20.88 − 19.45 = 1.43 増加した。

　このことから、株主から債権者への価値の移転が行われていると考えられる。よって企業合併に関しては、以下のことが判明する。

- リスク分散が合併の理由であると理解されているが、その理由では株主からの合意は得られない。
- リスク分散により、資産のボラティリティが減少する。ボラティリティが減少することは、オプション価値を減少させる。
- リスク分散を目的とした合併は、株主から債権者への価値の移転をもたらす。
- オプションホルダーの株主は、リスク分散を目的とした合併を望まない。
- 株主の意思を尊重した企業トップは、リスク分散だけを目的とした合併を行わない。よって、経営者はシナジー効果を期待できない合併は行わない。

9　おわりに

　本章では、オプションについて議論した。オプションの理論を使って、「リアルオプション」として現実のプロジェクト評価もできる。

　このように、オプション理論は幅広い応用がきくのである。そのためにはリスクの本質をオプションで理解することが重要である。

第**6**章

為替リスク

1　はじめに

　国際的に展開する企業にとって、為替の変動による財務的な影響は大きい。たとえば、日本企業で考えてみると、円が高くなると、現地通貨で計上された売上は円建てではその価値が減少する。一方で、円が安くなると、現地通貨による仕入れコストは円建てでは増加する。現地での資産はドル建てでもっていたとしても、円ベースでは、為替により、その価値はプラスにもマイナスにも影響を受けるのである。

2　フォワードプレミアムとフォワードディスカウント

　為替レートとは、ある通貨で他の1つの単位通貨を購入するときに必要な量をいう。たとえば、円で米ドルを購入するときは、1米ドル110円といったものである。為替の「スポットレート[1]」とは、現時点で交換するためのレートである。為替の「フォワードレート[2]」とは、近い将来に行われる交換

1　Spot exchange rate：スポットレートのこと。

2　Forward exchange rate：フォワードレートのこと。

時の為替レートである。

問題1 （為替フォワードレート）

メキシコの通貨メキシコペソと米ドルのスポットレートは、1米ドル 10.9892 メキシコペソである。3 か月フォワードレートは 1 米ドル 11.0408 メキシコペソである。メキシコペソは米ドルに対してプレミアムがついて売られているか、ディスカウント（割引）で売られているか？

解答

$$T \times \frac{Spot - Forward}{Forward} = premium \; or \; discount$$

$$4 \times \frac{10.9892 - 11.0408}{11.0408} = -1.90\%$$

メキシコペソは米ドルに対して 1.90％ ディスカウントである。逆に、米ドルはメキシコペソに対して、1.90％ プレミアムで売られている。

問題2 （プレミアム為替レート）

スイスフランのスポットレートは 1 米ドル 1.4457 スイスフランである。また、スイスフランの 6 か月フォワードレートは 1 米ドル 1.4282 スイスフランである。スイスフランは米ドルに対してプレミアムがついて売られているか、ディスカウント（割引）で売られているか？

解答

$$2 \times \frac{1.4457 - 1.4282}{1.4282} = 2.451\%$$

スイスフランは、米ドルに対して 2.451％ のプレミアムで売られている。米ドルはスイスフランに対して 2.451％ のディスカウントで売られている。このことより、為替市場が、米ドルはスイスフランに対して弱くなるだろ

うと予測できる。

問題 3　（ディスカウント為替レート）

日本円の米ドルに対するスポットレートは、1 米ドル 101.18 円である。日本円の米ドルに対する 6 か月フォワードレートは、1 米ドル 103.52 円である。日本円は米ドルに対してプレミアムがついて売られているか、ディスカウント（割引）で売られているか？

解答

$$2 \times \frac{101.18 - 103.52}{103.52} = -4.521\%$$

日本円は米ドルに対して 4.521％のディスカウントで売られている。または、米ドルは日本円に対して 4.521％のプレミアムで売られている。このことより、為替市場が、日本円は米ドルに対して弱くなるだろうと予測できる。

3　平価（パリティ）関係

金利、スポットレート、フォワードレート、インフレーションの関係は、以下のように平価関係にある。

3.1　金利平価（パリティ）理論

2 つの違った国の金利の割合は、為替のスポットレートとフォワードレートの割合と等価である。たとえば、日本円と米ドルを考えよう。日本の無リスク金利（日本国債の金利）を r_{yen}、米国の無リスク金利（米国債の金利）を $r_\$$、スポットレートを $S_{yen/\$}$、フォワードレートを $f_{yen/\$}$ とするとき、以下の関係が成立する。

$$\frac{1+r_{yen}}{1+r_{\$}} = \frac{f_{yen/\$}}{S_{yen/\$}}$$

　これを金利平価式とよんでいる。これが成立しないと裁定利益が獲得できることになる。

問題4　（投資問題）

　KG 社は 1 年間で 100 万米ドルの資金を運用することができるとする。すべての条件が等しいとき、メキシコペソで政府債で運用した金利は 7.35％であり、米国債で運用した場合の金利は 5.05％である。現在のメキシコペソの米ドルに対するスポットレートは 10.9892 peso/\$ であり、1 年フォワードレートは 11.2274 peso/\$ である。取引コストは無視するとして、どちらの国債に投資した方がよいか。

解答

米国債に 1 年間投資した場合、

$$\$1,000,000 \times \left(1 + \frac{5.05}{100}\right) = \$1,050,500$$

メキシコ政府債に 1 年間投資した場合、この時、米ドルをスポットレートでメキシコペソに交換し、1 年間メキシコ政府債に投資する。1 年後、再度米ドルに交換する。

$$\$1,000,000 \times 10.98921 \times \left(1 + \frac{7.35}{100}\right) \times \frac{1}{11.2274} = \$1,050,725$$

　したがって、米ドルからメキシコペソに交換して、メキシコ政府債に 1 年間投資する。1 年後、フォワードレートにて米ドルに交換すると、米国債に投資するよりも、225 米ドル多く得ることができる。この場合、裁定利益 225 米ドルを得ることが可能である。

3.2　購買力平価

　メキシコで1オンスあたりのシルバーの価格は120ペソで取引されている。一方、米国では同じ1オンスあたりのシルバーの価格は15ドルである。今現在のメキシコペソは1米ドルあたり10.992である。KG社が10,929.81米ドルをメキシコペソに交換すると。$10,919.81×メキシコペソ10.9892/\$=120,000メキシコペソである。これで1000オンスのシルバーを購入して米国に持ってくる。米国で、それを換金すると、15,000米ドルで売ることができる。そうすると約4,000米ドルの裁定利益を得ることができる。

　市場は、このような裁定取引ができないような均衡を求めるので、米国のシルバーの価格が低く推移するはずである。これを購買平価理論という。よって、購買平価理論とは、2つの国のインフレーション率の違いが、両国間の為替レートの違いで相殺されるということである。

　たとえば、日本のインフレーション率をi_{yen}、米国のインフレーション率を$i_\$$とすると、以下の式が成立する。

$$\frac{1+i_{yen}}{1+i_\$} = \frac{f_{yen/\$}}{S_{yen/\$}}$$

　たとえば、米国のインフレーション率が2.5％であり、メキシコのインフレーション率を4.5％とすると、1米ドルで購入できるメキシコペソは、1.045/1.025−1＝2.0％で上昇する。つまり、メキシコでの1年後の期待スポットレート（または1年フォワードレート）は、今のスポットレートより2.0％上昇すると説明することができる。

　今のスポットレートが10.9892とすると、1年フォワードレートは10.9892×1.045/1.025＝11.204と計算される。

3.3　フィッシャー効果

　フィッシャー効果「2国の実質金利は同じ」を議論したい。

　これまでの議論から導き出されるのは、2国のインフレーション率の違いは2国の金利差と同じである。

$$\frac{1+i_{yen}}{1+i_\$} = \frac{1+r_{yen}}{1+r_\$}$$

通常、金利は「名目金利」で表されており、$(1+$名目金利$) = (1+$実質金利$)$ $\times (1+$インフレーション率$)$ である。

$$\frac{1+i_{yen}}{1+i_\$} = \frac{1+r_{yen}}{1+r_\$}$$

から

$$\frac{1+r_{yen}}{1+i_{yen}} = \frac{1+r_\$}{1+i_\$}$$

たとえば、日本の実質金利を r_{yen} (real)、米国の実質金利を $r_\$$ (real) とすると、

$$r_{yen}\left(real\right) = \frac{1+r_{yen}}{1+i_{yen}} - 1$$

$$r_\$\left(real\right) = \frac{1+r_\$}{1+i_\$} - 1$$

よって、

$$r_{yen}\left(real\right) = r_\$\left(real\right)$$

これはフィッシャー効果「2国の実質金利は同じ」を証明している。

問題5 （フィッシャー効果）

KG社はスイスでプロジェクトを行おうとしている。初期投下コストは10万米ドルである。その他のすべての条件が同じであるとするとき、この投資資金を銀行から借り入れるとき、スイスフランでローンをするときの金利は8.0％であり、米国ドルで借りると金利は10％である。また、現在のスポットレートが 1.4457sf/\$ であり、1年フォワードレートは 1.4194sf/\$ である。取引コストを無視すると、米国とスイスのどちらの国で借りるのが良いであろうか？

解答

米国ローンの金利を含めた 1 年後の返済は、$100,000×1.10＝$110,000

スイスローンの金利を含めた 1 年後の返済は、

$$\$100,000 \times 1.4457 = 144,570 \text{ sf}$$

$$144,570 \text{ sf} \times 1.08 = 156,135 \text{ sf}$$

$$156,135 \text{ sf} / 1.4194 = \$110,000$$

したがって、米国でもスイスでも同じである。もし、これらの値に差があれば裁定取引が成立する。

問題 6　（平価関係）

スイスフランと米ドルのスポットレートが 1.4457 sf/$、1 年フォワードレートは、1.4194 sf/ である。米国のインフレーション率が 4.5％と予想されているとき、スイスにおけるインフレーション率はどう予想できるであろうか？

解答

式から、

$$\frac{1+i_{sf}}{1+i_{\$}} = \frac{f_{sf}}{S_{\$}}$$

$$\frac{1+i_{sf}}{1+0.045} = \frac{1.4194}{1.4467}$$

$$i_{sf} = 0.026$$

スイスのインフレーション率は 2.6％である。

4 トランスアクションリスクとトランスレーションリスク

4.1 トランスアクションリスク

「トランスアクションリスク」、または「取引上のリスク」とは、貿易など
の取引において、現地通貨（または外国通貨）で取引するときに発生する利
得または損失のことを意味する。典型例が、企業が物を現地通貨の後払いで
買った（または売った）ときに、実際の自国の通貨での支払い時に発生する
利得または損失である。

たとえば、日本企業 A 社が米国から車を 200 万米ドルで買い、クレジット
払いで 90 日後に決済するとき、為替のトランスアクションリスクが生じる。
もし、車購入時の為替が現在 100 円/$ であれば 2 億円が必要である。それが
90 日後に為替レートが 130 円/$ になったら、どうなるであろうか？

決済時には、$2,000,000 \times 130 = 260,000,000$ 米ドルが必要になる。為替レー
トの変化により、コストが 6000 万米ドル大きくなった。この為替変動によ
るリスクを、トランスアクションリスクとよんでいる。

4.2 トランスアクションリスクのリスクマネジメント

A 社にとってのトランスアクションリスクを軽減するために、次の 4 つの
手法を説明する。

1. 顧客にそのコスト増を転嫁する => おそらくこれは A 社にとってやり
   たくないかもしれない。
2. フォワードマーケットヘッジ
3. マネーマーケットヘッジ
4. オプションマーケットヘッジ

それぞれについて例題をあげて論じていこう。

4.2.1　フォワードマーケットヘッジ

例として、某日本企業 J 社が、米国企業のニューキッチン社に合計 100 万米ドルものナイフ製品を 1 月に売った。その請求書は米ドル建であり、支払いは同年 7 月である。このリスクをヘッジするために、フォワードマーケット契約をその日に締結する。

1. 企業 J 社は 1 月、6 か月先渡取引として 100 万米ドルを、1 ドル 100 円で売る契約「先渡」契約を締結する。
2. 7 月に、企業 J 社がニューキッチン社から 100 万米ドルの支払いがあったときに、先渡契約を履行し、1 ドル 100 円にて売却し、1 億円を入手する。

これにより、完全に為替リスクをヘッジできた。

4.2.2　マネーマーケットヘッジ

同例として、某日本企業 J 社が、米国企業のニューキッチン社に合計 100 万米ドルものナイフ製品を 1 月に売った。その請求書は米ドル建であり、支払いは同年 7 月である。この為替リスクをヘッジするために、

1. 企業 J 社は 1 月に米国で 100 万米ドルを借り入れ、即座に日本円に交換し、日本円で国債に投資する。
2. 7 月にニューキッチン社から 100 万米ドルの入金があったときに、借り入れた 100 万米ドル（同額）を返済する。
3. このヘッジにより、フォワードレートではなく、スポットレートでの通貨交換に固定できた。
4. このヘッジコストは、日本円での国債金利と米国ローンの金利の差である。

4.2.3　オプションマーケットヘッジ

同例として、某日本企業 J 社が、米国企業のニューキッチン社に合計 100

万米ドルものナイフ製品を 1 月に売った。その請求書は米ドル建であり、支払いは同年 7 月である。この為替リスクをヘッジするために、

1. 企業 J 社は為替プットオプションを購入し、事前の行使価格による円に対するドル売り契約を入手する。
2. 1 ドル当たり行使価格 100 円のプットオプションのプレミアムは、契約 1 万米ドルで 0.15 円 /$ である。よって、1 単位契約（1 万米ドル）あたりのプレミアムは 1,500 円である。
3. ブローカーフィーが 1 契約（1 万米ドル）あたり 125 円であると、1 契約でのオプションプレミアムは 1,625 円である。
4. 100 万米ドルのリスクをカバーするために、100 単位契約のプットオプションをディーラーから購入する。その総額は 162,500 円である。
5. オプションを行使するかどうかは、7 月のニューキッチン社からの入金時の為替スポットレートによる。
6. もし、スポットレートが 100 円以上であるとしたら、企業 J 社はオプションを行使せず、そのスポットレートにて交換する。この時、企業 J 社は為替益を得る。
7. もし、スポットレートが 100 円未満であったとしたら、企業 J 社はオプションを行使し、入手した 100 万米ドルを行使価格で売り、日本円 1 億円を得る。このヘッジコストは、162,500 円である。

4.3 トランスレーションリスク

国際企業は、その子会社が諸外国に所在するので、子会社の貸借対照表上の資産と負債が外国通貨で計上される。そのため、母国の貸借対照表と統合するとき、為替変動はそれら子会社の資産と負債の価値に影響する。

バランスシートだけでなく、損益計算書、キャッシュフロー計算書などの財務会計の数字が親会社の財務会計と統合されるとき、為替変動により価値の変動がある。これらの為替変動による統合時の価値の変動をトランスレーションリスクとよんでいる。

4.3.1　トランスレーションリスクのリスクマネジメント

トランスレーションリスクをヘッジするために、以下の5つの手法がある。

1. バランスシートヘッジ
2. 為替のフォワードヘッジ
3. マネーマーケットヘッジ
4. パラレルローン（バック・ツー・バックローン）
5. 為替スワップ

4.3.2　バランスシートヘッジ

国際企業が現地通貨において、総資産と総負債を等価にすると、トランスレーションリスクは回避される。これをバランスシートヘッジとよんでいる。

4.3.3　為替のフォワードヘッジ

企業が先渡契約を締結し、その通貨のフォワードレートで固定した現地通貨の売りまたは買いの契約を締結するとき、将来のバランスシート作成時にはフォワードレートの交換レートにより固定した価値でリスクを回避することができる。

つまり、現地通貨建ての総資産が総負債より大きいときには、現地通貨のフォワードレートによる「売り」が必要である。逆に、総負債が総資産より大きいとき、フォワードレートによる「買い」が必要である。このヘッジは、1年までの先渡契約を締結することでリスクヘッジすることができる。

4.3.4　パラレルローンによるヘッジ

例として、図6–1にあるように、某日本企業J社が子会社としてイタリアに資産が所在するとき、某イタリア企業I社とその日本に所在する子会社とマッチングすることでトランスレーションリスクのヘッジができる。

日本企業J社はイタリア企業I社の日本子会社に円建てのローン契約を締結し、円を貸す。同時に、イタリア企業I社はユーロ建てのローン契約を日本企業J社のイタリア子会社と締結し、同価値のユーロを貸す。

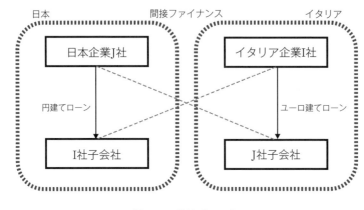

図 6-1　パラレルローン

1. ローン締結時に、日本 J 社はイタリアに所在する子会社を通じてユーロをイタリア I 社から借り入れる。同時に、日本 J 社は円建てで、イタリア I 社の子会社に同価値の円を貸し付ける。

2. ローンの期間中、日本企業 J 社はユーロ建ての金利をイタリア企業 I 社に返還する。同時に、イタリア企業 I 社は日本企業 J 社に円建ての金利を返還する。

3. ローンの満期時には、両社とも元本をお互いに返還し契約が終了する。日本企業 J 社はユーロの元本をイタリア企業 I 社に返還し、イタリア企業 I 社は日本円の元本を日本企業 J 社に返還する。

4. このパラレルローンにより日本企業 J 社は、円ユーロの為替変動リスクをヘッジすることができる。

4.3.5　通貨スワップ

通貨スワップは、上記のパラレルローンと非常に似ている。違いは、通貨スワップでは、日本企業の貸借対照表上に負債が計上されないことである。通貨スワップは 1 つの通貨建てのローンを別の通貨建てのローンと変換する際に使われる。または、1 つの組織が、将来の現地通貨のキャッシュフローを別の通貨の支払いに変換するために使われる。スワップは、一般的にはス

ワップディーラーを通して行使される。

問題 7 （通貨スワップ）

　テクノロジー企業 KG 社は、米国においてインターネット会社を設立した。そして、その営業活動をヨーロッパ市場に広げようとしている。そのためには、ユーロ建てで 1000 万ユーロの資金が必要である。

　資金調達のため、KG 社は確定利付債を発行し、今後 2 年にわたって年 2 回金利の支払いを行う。現在の為替レートは、1 ユーロあたり \$0.9804 である。現在のスポットレートで、KG 社は米国において元本 \$9,804,000 の確定利付債券により借り入れ、その元本をすべてユーロに交換する。

　しかし、ユーロ市場では、営業活動によるキャッシュフローはユーロ建てであるため、金利もユーロ建てで支払いたいと思っている。KG 社はどのようにして、通貨スワップによりリスクヘッジができるであろうか？

解答

　国際投資銀行のディーラー（GSI と名づける）は次のような提案を KG 社に提示した。米ドル建てで借り入れ、通貨スワップを締結し、ユーロ建てに変換する方がいいといった提案である（図 6–2）。どのように行われるのか？

1. KG 社は米国市場において確定利付債発行、売却により \$9,804,000 を借り入れる。そして、GSI との間で通貨スワップを締結する。
2. GSI は KG 社に 1000 万ユーロを支払う。そして、KG 社は GSI に \$9,804,000 支払う。
3. GSI は KG 社に、米国ドル建て、年利 6.1％で 6 か月ごとに金利を支払い、KG 社は GSI に、ユーロ建て、年利 4.5％で 6 か月ごとに金利を支払う。
4. 満期までの 2 年間、KG 社は確定利付債の投資家に 6 か月ごとの金利を支払う。
5. 2 年後に GSI は KG 社に元本 \$9,804,000 を返済する。これにより、KG

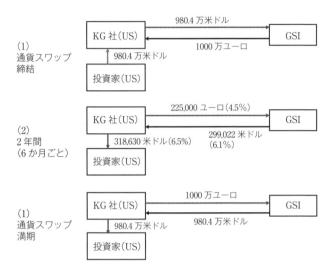

図 6-2　通貨スワップ

社は債券元本を支払う。KG 社は GSI に 1000 万ユーロを支払う。

6. 効果としては、KG 社はドル建てで借り入れたが、ユーロ建てローンに変換したことと同じである。

5　おわりに

　本章では為替リスクのリスクマネジメントについて論じた。企業の為替リスクには、トランスアクションリスクとトランスレーションリスクの 2 つがある。特に日本のように輸出・輸入で栄えている企業は、為替リスクは経営の重要なリスク因子である。一般的に日本企業は、為替リスクに関しては輸出入を扱う部署に任せているところが多いのではないだろうか。

　為替リスクを含めて、企業の経営リスクとして統合する ERM が求められている。

第7章

リスクファイナンス
保険と金融の融合

1 リスクファイナンスとは

　リスク対策として、通常、リスクコントロールとリスクファイナンスといった2つの対策が考えられる。リスクコントロールはリスクの発生頻度と発生規模をコントロールする意識的な行動である。しかし、リスクコントロールでは完全にリスクをなくすことができないので、その残存リスクをリスクファイナンスにより財務的に対策を講じるのである。

　リスクマネジメントとリスクファイナンスの関係は図7-1で示すとおりである。図7-1が示すように、リスクファイナンス手法には「移転」と「保有」がある。「移転」は保険、または保険以外でリスクが実際に発生した帰結を他社が金銭的に補償することである。「移転」には保険による移転と、保険以外による移転がある。これは保険会社以外の組織または企業が損害を補償することである。

　「保険以外の移転」には「ホールドハームレス条項」と「ヘッジ」という手法があるが、ホールドハームレス条項とは、「責任転嫁条項」ともいい、ある特定の状況下で片方の損害を他方がすべてその責任を負う条項のことをいう。

　「ヘッジ」とは金融の締結により、1つの資産の損害を他の資産の利益により相殺する手法のことをいう。デリバティブ契約などがそうである。

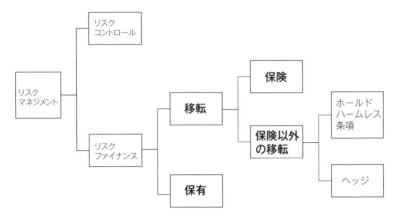

図7-1　リスクマネジメントとリスクファイナンスの関係

　「保有」とはリスクが実際に発生したとき、企業が前もって準備した備金により損害を支払うことである。

　リスクファイナンスの目的は、期待キャッシュフローの現在価値を最大化することにより、企業の市場価値を最大化することである。期待キャッシュフローの現在価値を最大化するためには、割引率を最小化することである。リスクによりキャッシュフローの変動が大きくなると、割引率はそのリスクの大きさに比例して大きくなる。リスクファイナンスにより変動が小さくなることは、割引率の減少につながり、現在価値が大きくなるのである。

　リスクコストを管理し、保有リスクの不確実性を許容範囲にまで小さくするためには、リスクファイナンスはその目的を、具体的に設定することが必要である。リスクファイナンスのゴールは以下の点である。

1. 損害を支払う。
2. 資金の流動性を確保する。
3. 損害の不確実性をコントロールする。
4. リスクコストをコントロールする。
5. 法的規制を守る。

「資金の流動性を確保する」でいう資金の流動性とは、たとえば「現金」は

流動性が最も高い。なぜなら、現金により損害はすぐに支払うことができるからである。「流動性」というのは、現金化するための時間である。流動性が高いとは現金化する時間が早いということである。

　市場ですぐに売買できる「マネー市場」の証券のような資産は、流動性が高いといえる。企業がリスクを保有するとは、実際に発生した損害にいち早く対応することが必要であるので、備金として貯蓄した資産をいかに早く現金化できるかが大事なのである。

　「損害の不確実性をコントロールする」とは、損害が発生したときの損害規模を、企業の事前に想定した範囲内に収めることができるように、財務的な対策を講じておくことである。許容範囲は組織により異なり、組織の規模、戦略、マネジャーのリスクに対する態度などが深く関係する。いずれにしても許容リスクの範囲は、ステークホルダーのリスクの許容度に依存する。

　「リスクコスト」とは、リスクコントロールのために費やされる費用、保有した損害とリスク移転コストの総計のことをいう。企業はリスクマネジメントの効果を、リスクコストを最小化し、価値を最大化することを目的にする。

　「法的規制を守る」とは、たとえば自動車を運行するための自賠責保険のように、その国の法律により強制的に保険に入らないといけないことをいう。企業は最低限法律を守る義務があるため、このような保険購入は目的の1つとして重要である。

2　リスクファイナンス手法の選択

2.1　リスク保有プラン

　図 7–2 のトライアングルの下部に位置するリスク、つまり発生頻度が高い、規模が低いリスクについては、基本的に「保有プラン」が勧められる。

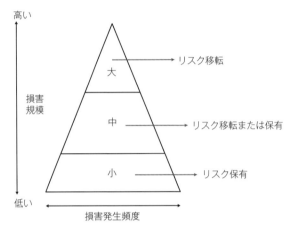

図7-2 リスクの規模とファイナンス手法

「保有プラン」には、自発的な「自家保険[1]」や「インフォーマルな保有[2]」などがある。

「自家保険」の目的は、企業が保険購入による追加コストを支払うことをしないとの意思決定のうえに、企業がリスクを実現化したときに自ら損害を支払うことで、長期にわたりリスクコストの削減を目的とするものである。

「自家保険」が最も適している企業は、リスクコントロールにコミットし、成功している企業である。事前予想が可能なリスクに関して、損害支払いを予算化し、長期に支払っていく計画がされている企業にも適切である。

「インフォーマルな保有」は、予期しないリスクによる予期しない支払いにより、短期資産を現金化して支払うことである。企業は、過去に起こったことのないリスクや、予想外の損害支払いが発生したときにはインフォーマルな保有をせざるを得ない。しかし、これは計画外のことなので、キャッシュフローは棄損される。できるだけこのようなことのないように、リスクマネジメントのプロセスにおいて、リスクのもれがないようにしたい。

---

1 Self-insurance：自家保険のこと。
2 Informal retention：インフォーマルな保有。制度化されていないリスクや予測できなかったリスクの保有のこと。

2.2 キャプティブ保険会社

自家保険をシステムとして機能させるために、企業は、キャプティブ保険
会社を子会社として設立する。

キャプティブとは、非保険会社[3]の子会社のことで、保険会社として機能
して、親会社やその関連会社に保険を提供する会社である。今世界では
7,000 社を超えるキャプティブ保険会社が存在する。

再保険キャプティブ保険会社の仕組みは、図 7–3 のとおりである。日本で
は、保険法により、日本に所在するリスクに関する保険は、金融庁により認
可された保険会社でないと保険として提供できない。よって、キャプティブ
保険会社を設立した場合、ほかの国（ドミサイルという）でキャプティブ保
険会社として設立し、日本では免許を受けた保険会社に元受け保険会社とし
て機能してもらい、再保険契約をキャプティブ保険会社と結んでもらうこと
で図 7–3 のような仕組みができる。

キャプティブを設立するメリットは複数あるといわれている。1 つに、元
受け契約は保険契約であるので、保険料は事業経費として扱われる。よっ
て、節税のメリットがある。そのほか、リスクコストを低減できる。運用益

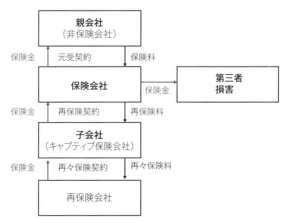

図 7–3 キャプティブ保険会社の仕組み（再保険キャプティブ保険会社の場合）

3　保険会社でない一般企業のこと。

をグループ内で確保することができる。再保険市場にアクセスできる。保険会社との交渉力が有利に働く。元受け保険料と再保険料との差を享受することができる。グループ内でリスクマネジメントの努力が、支払い備金の蓄積という形でメリットとしてつながる。さらに、支払い備金の運用をグループのために使うことができる。たとえば、ローンバックなどにより、備金をグループ内の企業に低利で貸し付けることなど、ある一定の制限があるが、可能である。

　「ドミサイル」というキャプティブ保険会社の設立される場所、たとえば米国の州、ケイマン諸島の国、英国王室領の国、シンガポール、香港、ミクロネシア連邦など世界には多くの設立地が存在し、お互い誘致を競争している。

2.3　移転プラン

　伝統的な保険はこの「移転プラン」の1つにあげられるであろう。保険については第3章で詳細に議論したので、この章では避けたい。

2.3.1　ファイナイトリスク

　「ファイナイトリスク」はリスクファイナンスの1つであり、限定された(finite)リスクを、保険会社に移転する手法である。ファイナイトで支払われる保険料のほとんどは、その企業の損害を支払うファンドとして使われる。このプランは、ファンドの運用利益を共有する合意が、保険会社とその企業の間で交わされ、「リスク移転（保険）」と「リスク保有」の両方を含んでいるハイブリッドプランといえよう。「金融保険」や「ストラクチャープログラム」ともよばれている。以前は再保険契約として頻繁に使われてきたが、1900年代から元受け保険契約にも使われるようになってきた。

　伝統的な保険では、損害備金の運用益はすべて保険会社が享受する。しかし、このプランでは、運用益を得る場合、その利益の一部は被保険者である企業に保険会社との合意に基づき還付が実施される。また、このプランにより、企業は損害を自らコントロールすることができるのは利点でもある。も

し、損害をコントロールできない場合でも、積み立てられた「経験口座」を超過するリスクは保険会社にリスク移転されている。

特徴：
1. 通常の保険契約とは異なり、個別に作成された契約内容である。[4]
2. ファイナイトは補償期間が複数年である。通常は 3 年から 5 年であるが、「環境リスク」のような特殊なリスクに関しては 10 年と長期の契約のときもある。
3. 付保する保険金額は、保険期間内での累積金額である。たとえば、プランが補償する金額は、1 年または 1 事故あたり 7500 万米ドル、5 年間で累積金額 1 億 5000 万米ドルといったものである。
4. 通常は期の途中で解約できない。
5. 保険料は高額である。保険料の大きな割合を占めるのは、損害の積立てであり、保険の部分の保険料は少ない割合でしかない。
6. 企業が、投資キャッシュフローの利益の部分を保険会社と共有する。
7. Commutation が可能である。Commutation とは積み立てた備金の残金を企業に返すことである。
8. 保険と金融が融合したプランなので、「保険契約」とは認識されない可能性がある。したがって、保険料の経費としての取り扱いには十分な注意が必要である。
9. キャプティブ保険会社が、ファイナイトを再保険契約として利用する場合が多い。
10. 「Experience Account（経験口座）」とよばれる口座で、積み立てられた保険料と運用益は管理される。これは、備金の積み立て口座である。短期の運用益は保険会社と企業との間で共有され、また保険会社の経費と損害金はこの口座から支払われる。

　ファイナイトリスクは、次の 4 つのリスクから説明する方がわかりやすい。

4　Manuscript policy のこと。企業特有のリスクに対応した保険証券のこと。

1. **保険リスク**：保険リスクは、経験口座を超過する部分である。これは移転されるリスクであり、保険会社が支払う保険金といえる。つまり、累積損害が、保険料積み立てと運用益で構成された備金（経験口座の金額）を上回るかもしれないリスクである。たとえば、累積で支払われる保険料が500万米ドルであるとしよう。また運用益が300万米ドルであったなら、合計800万米ドルが損害支払いとして使われる。ファイナイトリスクの累積保険金額が1500万米ドルだとすると、合計700万米ドルまでが保険会社の支払う保険金となる。

2. **信用リスク**：被保険者である企業の信用リスクの保険会社への移転が行われている。たとえば、企業は保険料を支払い、保険会社は損害を保険金として支払う契約である。よって、損害を支払うのは保険会社の義務であり、もし企業が保険料の支払いが滞ったときには、保険会社は企業の信用リスクを負うことになる。もし、被保険者である企業の信用リスクが高い場合には、保険会社が何らかの担保を要求する場合がある。

3. **タイミングリスク**：このリスクは損害が契約初年度に発生するか、後半に発生するかの不確実性をいう。もし、損害が契約の早い年度中に発生した場合には、期待される運用益が得られない可能性がある。また、遅い年度中に発生した場合には、期待される運用益を超える可能性がある。

4. **金利リスク**：期待される運用益が得られるかどうかは、市場金利に依存している。通常、備金は短期債券で運用されるので、短期債券市場の利回りが運用益の増減につながるのである。

「ロスポートフォリオトランスファー」は、ファイナイトリスクのプラン（図7-4）の1つで、「遡及型プラン」である。すでに発生した損害ポートフォリオを保険会社に買い取ってもらうイメージである。すでに発生した損害に対しては、それらの支払準備金がすでに計上されている。しかし、損害の支払いのタイミングや、支払いの進展に関しては不確実性があるので、ロスポートフォリオは、それらの不確実性も含めて保険会社に移転する手法であ

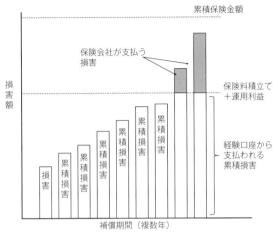

図7-4　ファイナイトリスク・プラン

る。自家保険や保険会社の再保険会社への損害移転として使われる。

　たとえば、キャプティブ保険会社が再保険会社に、2018 年、2019 年、2020 年の 3 年間に発生した賠償責任損害を移転するプランとして、ロスポートフォリオトランスファーを使うとしよう。本プランでは、累積保険金額が設定され、もし実際の支払いが支払準備金より下回るときや、運用益が期待以上のものであったときには、キャプティブに一部を還元するように取り決めている。

　ロスポートフォリオトランスファーに適したリスクとしては、損害規模が小から中レベルで、発生頻度が高い賠償責任リスクや労災リスクなどが移転に適している。

　また、キャプティブを閉じたい場合や何らかの理由で支払準備金を清算したいときには、このロスポートフォリオトランスファーは適している。

　ファイナイトリスクの利点として、以下の 6 つがあげられる。

1. 損害と保険料支払いを平準化してくれる。
2. リスク保有と移転の両方を兼ね備えている。
3. 高額な損害支払いにも対応できる。

4. 複数年契約であるので、毎年の保険料交渉などがない。

5. リスクマネジメントの予算を平準化できる。

6. 保険市場や証券市場との情報を共有できる。

2.3.2 統合リスクプラン

統合リスクプラン[5]の特徴は、複数のリスクに対して、複数年で一定の移転容量を提供する保険プランである。複数のリスクは、保険で移転できるリスクであるだけでなく、最も発展した形態として、為替リスクや商品価格変動リスク、金利リスクのような証券市場リスクを含めた形態も過去には提供されたことがある。

統合リスクプランは、従来の保険と同様に、保険料が保険期間中は一定している。また、統合リスクプランがこれまでの保険と違うのは、従来の保険は、たとえば火災総合保険、マリーン保険、賠償責任保険、専門職賠償責任保険、自動車保険などを別契約として証券が発行されるところ、統合リスクプランはこれらを1つの保険証券として一括して、統合保険証券で管理する点である。

基本的には複数年契約で、1つの累積保険金額、1つの保有レベル、複数のリスク（保険リスクと金融リスク）を統合したプログラムである。たとえば図7-5のようなケースである。

証券Aと証券Bは統合前、別証券として保険管理されているとする。各々、1事故最大50億円の保険金額であり、5000万円までの自家保険になっている。これを統合したプランは5年保険期間で、1事故の補償が最大100億円にまで引き上げられる、一方で、1事故の自家保有が1億円に倍増している。自家保険の保有レベル1億円がその企業にとって許容できる範囲内であれば、この統合リスクプランにより補償が増え、複数年契約で保険料を平準化できる。おそらく、自家保険の保有レベルが上がったことにより、保険料は以前よりは低くなるであろう。

統合により別々にリスク管理する必要がなく、リスク分散効果によりリスクコストの削減が期待される。

5　Integrated risk insurance plan：統合リスク保険プランのこと。

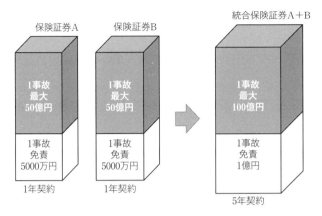

図 7-5　統合リスクプログラムの仕組み

2.3.3　資本市場を使ったリスク移転

デリバティブ[6]とは金融派生商品であり、その価値は他の資産の価値から導き出された価格が参照される。一方、保険デリバティブとは金融契約であり、参照する価値は、たとえば、保険リスクから発生した損害の累積金額をインデックスとして表した価値や地震の震度、気温、雨量、積雪量などである。

　いずれにせよ、バイヤー（投資家）にとってわかりやすい指標で、客観性のある指標を示さなければならない。しかし、バイヤーにとって、保険リスクを投資ポートフォリオに入れることによる意義は大きく、リスクの分散効果による投資利回りの向上に寄与することを期待できるのである。

　近年、保険デリバティブの市場が発展してきたことに伴い、複数の優劣が指摘されるようになった。メリットとしては以下のとおりである。

1. リスクの許容量であるキャパシティが向上した。
2. 保険証券よりもコストが安い場合がある。
3. 価格設定が明確で客観的である。
4. 機関投資家にとってリスク分散にメリットがある。

6　Derivatives：デリバティブ。金融派生商品のこと。

しかし、まだまだ未開拓なエリアなのでリスクコストが高いといった指摘もされる。さらに、ベーシスリスクが存在するのはデメリットである。たとえば、企業が受け取る補償額が、実際の被害額よりも大きい、または小さい、損害があったのに補償金が出ないという場合があるので不確実性がある。

2.3.4　保険オプション

通常オプションには、コールオプションとプットオプションがあり、コールオプションはその所持する人が、期間中に、行使価格である一定の価値を上回ったときに、参照する資産を買う権利をもつ。一方、プットオプションは同様な条件で所持する人が売る権利をもつ。

保険オプションは、参照する価値が保険の累積損害額であり、被保険者の実際の損害の累計値であるか、または、累積損害額をベースにしたインデックスである。よって、保険オプションの価値は、参照する累積損害額が大きくなり行使価格を上回るとともに増加する。したがって、オプションを保有する企業は、被った損害と相殺するために保険オプションを行使し、利益を得ることができる。

天候オプションのケースで考えよう。天候オプションは、天候を表す指標を、たとえば、ある期間内の平均気温や降水量などを参照して形成される。天候により営業が左右される企業などは、天候リスクをリスク移転したいときに使う。

たとえば、企業 A 社は屋根修理工事を請負う会社で、夏の期間中は雨が降ると利益が上がるという収入の季節性がある。その理由としては、雨が多く降ると、屋根からの雨漏りが発生し、顧客が屋根の修繕を A 社に頼むことが多くなるから収入が増えるという理屈である。そこで調査の結果、8月〜9月の2か月間、降雨量が1cm平均より低いと1000万円の収入減少があることとわかった。また、降雨量が1cm下がるたびに、1000万円の収入減少があるという、降雨量減少と収入減少との関係性が判明したとしよう。そこで A 社は、次のようなオプション契約を結んだ。該当年の8月〜9月の期間を対象にした天候プットオプションである。一番近くの気象台の8月〜9月の平均降雨量は8cmだと報告されたので、天候プットオプションの権利

行使点を、降雨量 5 cm に設定し、降雨量が 5 cm から 1 cm 下回るごとに 1000 万円支払われる契約である。最大の補償は 5000 万円である。もし、その年、8 月～9 月の平均降雨量が 3 cm だったとすると（5 − 3）×1000 万円 = 2000 万円が A 社に支払われる。また、平均降雨量が 6 cm であるときには、行使点を上回るので補償は支払われない。

2.3.5 上場オプション

CBOT[7] や NYME[8] に上場されている保険リスク・オプションには、大災害コールオプション・スプレッドがある（図 7–6）。保険会社と個別契約で締結する OTC オプションとは異なり、市場で売買されるので流動性が非常に高い。

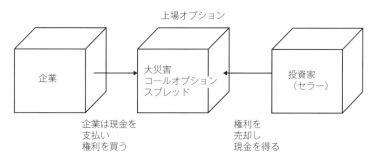

図 7–6 上場オプションの仕組み

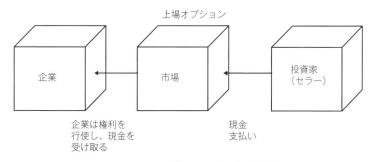

図 7–7 上場オプション（権利行使時）

---

7 Chicago Board of Trade：シカゴ商品取引所のこと。

8 New York Mercantile Exchange：ニューヨーク商業取引所。

2.3.6 スワップ

スワップ契約とは、2つの会社が事前の合意に基づいて、参照する価値に従って支払いを交換する契約である。スワップも参照する価値が、株価や金利などの価値により、その価値が変化する金融派生商品である。

保険会社も、スワップによりその保有するリスクを分散することができる。この時、スワップは保険デリバティブとよばれる。この時の参照価値は、ある保険者が保有する、特定の被保険者のリスクポートフォリオである。

たとえば、2003年8月に三井住友保険会社は、スイス再保険会社とスワップ契約を結んだ。そのスワップの総額は1億ドルであり、2つの大災害（それぞれが5000万ドルの価値）のスワップ契約であった。この契約により、北大西洋地区のハリケーン災害のリスクと日本の台風リスクを交換し、さらに、欧州の風災のリスクと日本の台風のリスクも交換された。この契約により、両社は特定の地域での災害の損害額を限定的にすることができ、両社のリスクポートフォリオのリスク分散が可能となった。

2.3.7 保険リスクの証券化

1900年代後半、住宅ローンの証券化に始まり、売掛債権、車ローンと金融技術を使って様々なキャッシュフローを証券化する動きが広まったときに、保険リスクの証券化も始まった。それ以来、金融市場を使った保険リスク証券の売買は盛んに行われている。保険リスク証券は、地震やハリケーンのような大災害を証券化しているケースが多いので、CATボンド[9]ともよばれている。

保険リスク証券は非常に個性的な形をしている。保険リスクの移転に伴うキャッシュフローを証券化するのであるが、このキャッシュフローは保険証券の保険料であり保険金支払いである。

図7-8は保険リスク証券化のモデルを表している。保険リスク証券が他の証券化モデルと違うのは、一般の証券化だとキャッシュフローを生み出す資産を特別目的会社に売却するのであるが、この場合、企業は、保険料にあた

9　Catastrophe bond：大災害債券のこと。

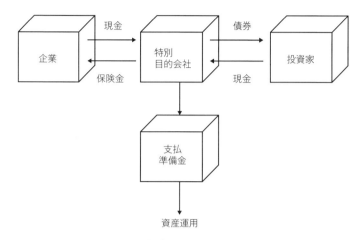

図 7-8　保険リスク証券のモデル

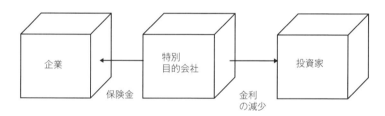

図 7-9　保険リスク証券の事故発生時の支払い

る現金を特別目的会社に定期的に支払い、事故が起こったときに特別目的会社から補償を受け取るという仕組みになっている（図 7-9）。

　損害の補償金は、企業の実際の損害額で支払われるか、指標となるインデックスに基づいて計算された金額で支払われる。もし、実際の損害額で支払われるのであれば、これはまさに保険と同じ仕組みである。

　投資家は、保険リスクの発生という不確実性の見返りとして金利を受け取る。この金利は、国債の金利水準と、保険リスクを引き受ける不確実性の対価としての上乗せ金利の合計である。もし、事故が発生したときには、金利か元本または両方を失う可能性がある。この詳細は証券発行の際に明確にされている。

　特別目的会社は一定の流動資産をもち、その資産は、事故の支払い、投資家への金利支払いのための担保としての資産である。

　保険リスク証券は、リスクに違いを設けた複数のトランシェに分けて販売されることがある。たとえば、同じ保険リスクで、金利を失う可能性のあるトランシェ、金利と元本も失う可能性のあるトランシェなどである。

　トランシェは超過保険[10]の「レイヤー」によく似ており、たとえば図7–10の例では、事故の損害額が10億円から30億円までだと、トランシェAの投資家は、金利と元本の両方失う可能性がある。また、事故の損害額が30億円から50億円までだと、トランシェBの投資家は、金利を失う可能性がある。

　投資家にとって、保険リスク証券は、株、債券や他の一般的な証券とは別のリスク証券として考えられる。第一に、投資家は、株や債券のように企業全体のリスクではなく、特別の範囲内に限定されたリスクを保有すること。第二に、相関関係がないリスクをポートフォリオのなかに追加することで、リスク分散効果がさらに高まることである。退職年金基金、投資信託、銀行、ヘッジファンド、再保険会社、損害保険会社や生命保険会社などがこのような証券の投資家として、リスクを引き受けている。その信用リスクを測るための格付けがS & P や Moody's により提供されている。

　前述のように、事前に決められた条件で、金利の支払いを免除されたり元

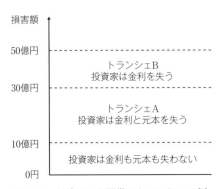

図7–10　保険リスク証券のトランシェの例

10　Excess Insurance：超過保険のこと。

本の返済が免除されたりするのであるが、その事前の決められた免除条件を
トリガーとよんでいる。次の 3 つのトリガーがある。

1）補償トリガー[11]

　典型的な保険のトリガーと似ているが、当該企業の被害額により、債券者
への免除が決定されるもの。特徴として、ベーシスリスクが小さい。投資家
は、その特定の企業の損害モデルの真偽が明確でないので、その不確実性に
対するリスクプレミアムを求めることが多い。

2）インデックストリガー[12]

　特定の災害による保険業界全体の支払い保険金が、ある事前に決められた
損害を超えたときに、債券者への金利や元本の免除が決定される。当該企業
の被害額と保険業界全体の損害額の相関が低いときには、ベーシスリスクが
存在する。

3）パラメトリックトリガー[13]

　ある災害の規模、たとえば地震の震度やマグニチュードなどにより支払い
が決定されるもの。したがって、ベーシスリスクが存在する。当該企業の被
害額とインデックスの相関が低いときには、ベーシスリスクが大きい。

　保険リスク証券のメリットは、保険市場の補完市場としての役割が大き
い。たとえば CAT ボンドなどは、再保険市場のリスク引き受け許容量が限
定しているので、補完的なリスク許容量の増加に役立っている。

　この証券の特徴は、企業が災害の被害にあったときの支払いと、投資家へ
の金利の支払いが、特別目的会社によって管理された流動資産により完全に
担保されていることである。また、この流動資産の確保のため、運用利回り
が高くないというデメリットも指摘できよう。

　しかし、コストが高い点はデメリットである。このコストは、投資家が、

11　Indemnity trigger：補償トリガーのこと。

12　Industry-index trigger：業界インデックストリガーのこと。

13　Parametric trigger：パラメトリックトリガーのこと。

保険リスクに対してどの程度の利回りを要求するかにより決定される。他の証券のリスクと利回りとの比較によることが大きい。また、保険市場は保険コストが高くなるハード市場と安くなるソフト市場のサイクルがあるので、保険リスク証券に対する需要も変化する。もし、保険リスク証券市場がさらに発展すればリスクがさらに客観化され、コストも安くなるのであろう。

さらに、ベーシスリスクが存在するのはデメリットである。たとえば、企業が受け取る補償額が、実際の被害額よりも大きい、または小さい、損害があったのに補償金が出ない場合があるという不確実性がある。

2.3.8 コンティンジェントキャピタル[14]

コンティンジェントキャピタルは、企業と相手方の間で、事前合意を締結し、事故が発生したときに企業が債券または株券を発行し、相手先に売却することにより、補償金を確保するものである。

企業は相手方にフィーを支払い、相手方は事故時に債券または株券を購入する。この契約により、実際に事故が発生した後の借り入れ契約の条件よりも、企業は有利な内容で資金調達できる（図7–11）。

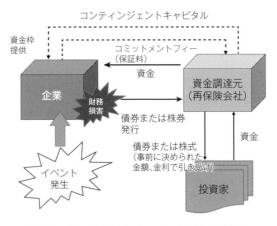

図7–11　コンティンジェントキャピタルの仕組み

14　Contingent capital：コンティンジェントキャピタルのこと。

2.3.9　スタンドバイ・クレジット[15]

この契約は、銀行やその他の金融機関との合意で、損害発生時に、企業が事前の合意に従い借り入れができるものである。企業はコミットメント・フィーを支払う。

たとえば、1999年に契約されたロイズと銀行団との間で交わされたものは、非常時の借り入れ契約であった。その契約では、損害発生時に、ロイズが5億英ポンドを借り入れることができる内容であった。

2.3.10　コンティンジェントサープラスノート[16]

コンティンジェントサープラスノート（今後、サープラス債券とよぶ）は、保険会社が事前の取り決めに基づいて、損害発生後に、サープラス債券を発行し売却できる契約のことである。この契約により、保険会社はサープラス債券を発行し、売却できる権利を得る。保険会社は、支払準備金の補完として、債券売却により資金調達が可能になる。

この契約では、保険会社は信託会社を通じて投資家からの資金調達が可能になる。信託会社は投資家から資金を募り、それを流動資産（たとえば米国債のような債券）に投資する。保険会社は信託会社にフィーを払い、その見返りにサープラス債券の発行の権利を得る。もし、保険会社が権利を執行した場合には、サープラス債券により資金調達が可能になる（図7–12、図7–13）。

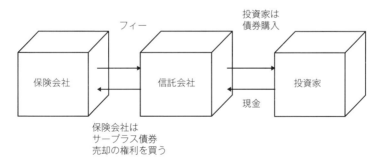

図 7-12　サープラス債券の仕組み

15　Standby credit facility：スタンドバイクレジットファシリティのこと。

16　Contingent surplus notes：コンティンジェントサープラスノートのこと。

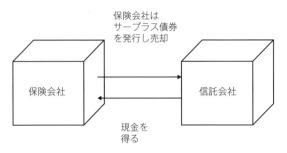

図 7–13　損害発生時のサープラス債券

2.3.11　大災害時株発行プットオプション[17]

　大災害時株発行プットオプションは図 7–14 にある仕組みのとおりで、事前に保険会社（または非保険企業）と投資家との間で合意形成され、大災害発生時に、保険会社が発行する株を事前に合意した価格で投資家が買い取るオプション契約である。保険会社（または非保険企業）はフィーを支払う。

　たとえば、1996 年に締結された大災害時株発行プットオプションは、RLI保険会社とセンター再保険会社の間で取り交わされたものである。その契約では、RLI 保険会社で、カリフォルニア地震により購入済みの再保険の補償よりも大きな損害が発生した場合に、センター再保険会社が、RLI 保険会社の議決権なしの優先株、5000 万ドル相当を買い取る契約であった。このプットオプションの契約のため、RLI 保険会社はセンター再保険会社に、年

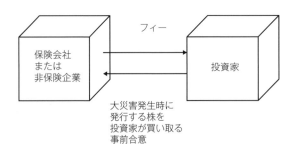

図 7–14　大災害時株発行プットオプションの仕組み

17　Catastrophe equity put options：大災害エクイティプットオプションのこと。

間 100 万ドルものフィーを支払ったと報告されている。この契約により、RLI 保険会社が大災害時に支払い備金が著しく減少したとき、それを補完するための株売却による資金調達が即座に可能になった。

3　資本市場を使ったファイナンス手法の優劣

　様々な証券市場を利用したリスクファイナンス手法に関して、企業側はそのコスト、財務的健全性（または安全性）、ベーシスリスクを心配するであろう。

　図 7–15 において、それぞれの手法とベーシスリスク、安全性に関して比較してグラフで表してみた。

　図 7–15 が表すように、保険リスク証券が財務の安全性で一番高いと考えられる。伝統的保険や再保険、市場オプションが同等程度か少し低いのではないかと考えられる。この理由は、保険会社や再保険会社の健全性に依存するからである。

　相対オプションもスワップも相対取引であるので、相対する相手の信用リスクに負うところが大きい。

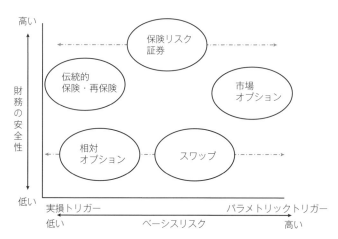

図 7–15　リスクファイナンス手法とベーシスリスクと安全性のグラフ

ベーシスリスクに関しては伝統的な保険・再保険が一番低い。これまで論じてきたように、実損填補であるのでベーシスリスクはほぼない。一方、市場オプションや保険デリバティブなどは、パラメトリックトリガーのタイプであればベーシスリスクが存在することが考えられる。

4　おわりに

本章では、リスクファイナンスの手法について議論してきた。資本市場を使った保険リスクに関連した金融商品は、その市場が膨らんでいる。年金機構のペンションファンドがリスク分散のために、大災害リスク証券のような違ったリスクに投資して、ポートフォリオのリスク分散を試みているからであろう。

年々、リスクファイナンスの技術が向上している。伝統的な保険会社もこのような新たな分野に挑戦して、企業リスクファイナンスに大きな役割を果たしてほしい。特に日本では、この革新的なリスクファイナンスの開発が遅れていると思う。

経営者は、企業リスクマネジメントとリスクファイナンスを、経営の重要な指針と考えて、ビジネス戦略の1つとしてそれらを位置づけてほしい。

参考文献

Albright S.C. and W. Winston, (2019) "Business Analytics: Data analysis and Decision Making 7th Ed." Cengage.

Banks E. (2004) "Alternative Risk Transfer," Wiley Finance.

Benninga S. and T. Mofkadi (2017) "Principle of Finance with Excel, 3rd Ed," Oxford.

Berenson M., Levine D. and T. Krehbiel, (2009) "Basic Business Statistics" Pearson International Edition.

Berthelsen R., M. Elliott and C. Harrison, (2006) "Risk Financing, 4th Ed," AICPCU IIA.

Brealey R., S. Myers and F. Allen, (2019) "Principles of Corporate Finance," McGraw Hill.

Center for the Advancement of Risk Management Education (2000) "Finite and Integrated Risk Insurance Plans," AICPCU IIA.

Crouhy M., D. Gali and R. Mark (2006) "The Essentials of Risk Management," McGraw Hill.

Culp C. (2002) "The ART of Risk Management," Wiley Finance.

Doherty, N.A., (1985) "Corporate Risk Management: A Financial Exposition," McGraw Hill.

Doherty, N.A., (2000) "Integrated Risk Management: Techniques and Strategies for Managing Corporate Risk," McGraw Hill.

Elliott M., Center for the Advancement of Risk Management Education (2000) "Capital Market Products for Risk Financing," AICPCU IIA.

Elliott M. edited (2012) "Risk Financing 6 Ed," The Institutes.

Fabozzi F. (2010) "Bonds Markets, Analysis and Strategies,7th Ed." Pearson.

Fraser J. and B. Simkins, editors, (2010) "Enterprise Risk Management," Kolb series in Finance, Wiley.

Fraser J., B. Simkins and K. Narvaez, editors, (2015) "Enterprise Risk Management: Case Studies and Best Practices," Kolb series in Finance, Wiley.

Harrington S. and G. Niehaus (2003) "Risk Management and Insurance 2nd Ed," McGraw Hill.

Head G, M. Elliott and J Blinn (1993) "Essentials of Risk Financing Volume I and II," Insurance Institute of America.

Head G, edited (1995) "Essentials of Risk Control, Third Ed. Volume I and II," Insurance Institute of America.

Holden C. (2015) "Excel Modeling in Corporate Finance 5th Ed,"Pearson.

Holden C. (2015) "Excel Modeling in Investments 5th Ed," Pearson.

Hull, J.C., (2018) "Risk Management and Financial Institutions, 5th Ed." Wiley.

Hull, J.C., (2021) "Options, Futures and Other Derivatives, 11th ed," Pearson Education Publishing.

IRMI.com, (2021) "Risk Financing," URL: https://www.irmi.com/, Date of Access: August 1, 2021.

Jennings M. (2012) "Business Ethics, 3rd Ed,"Cengage Publishing.

Jorion P. (2006) "Value at Risk 3rd Ed," McGraw Hill.

Klugman S., H. Panjer and G. Willmot (2019) "Loss Models: From Data to Decision, s 5th Ed," Wiley.

Koch T. and S. MacDonald (2010) "Bank Management, 7th Ed," South Western.

Kolb R. (1996) "Financial Derivatives," Blackwell.

Lam J. (2017) "Implementing Enterprise Risk Management," Wiley.

Mayes T. (2020) "Financial Analysis with Microsoft Excel, 9th Ed," Cengage.

Morton L. edited (2002) "Alternative Risk Strategies," Risk Books.

Pompella M. and N. Scordis, edited, (2017) "The Palgrave Handbook of Unconventional Risk Transfer," Palgrave Macmillan.

Ross S., R. Westerfield, J. Jaffe and B. Jordan, (2018) "Corporate Finance, 13th Ed," McGraw Hill.

Sanders A and M. Cornett. (2010) "Financial Institutions Management−A Risk Management Approach 7th Ed," McGraw Hill.

Skipper H. (1998) "International Risk and Insurance," McGraw Hill.

Smithson C., C. Smith and D. Wilford (1995) "Managing Financial Risk," McGraw Hill.

Smithson C., (1998) "Managing Financial Risk, 3rd Ed," McGraw Hills.

Stanford Graduate School of Business, (2009) "AIG- Blame for the Bailout."

Steiger F. (2020) "Cat Bonds,"Lightning Source UK Ltd.

Williams Jr. C., M Smith and P. Young (1998) "Risk Management and Insurance 8th Ed," McGraw Hill.

Winston, W. (2019) "Microsoft Excel 2019: Data Analysis and Business Modeling," Microsoft Press.

池内光久 (2008) 『日英対訳用語集 ——保険・年金・リスクマネジメント』保険毎日新聞社。

池内光久・杉野文俊・前田祐治 (2013) 『キャプティブと日本企業 ——リスクマネジメントの強化に向けて』保険毎日新聞社。

甲斐良隆・加藤進弘 (2004) 『リスクファイナンス入門』金融財政事情研究会。

小暮雅一 (2010) 『保険の数学 ——生保・損保・年金』保険毎日新聞社。

杉野文俊（2014）『保険とリスクマネジメント ——トータルに理解する』白桃書房。

杉野文俊編著（2014）　『損害保険とリスクマネジメント』損害保険事業総合研究所。

諏澤吉彦（2018）『リスクファイナンス入門』中央経済社。

田中周二（2018）『保険リスクマネジメント』日本評論社。

出口治明（2004）『生命保険入門』岩波書店。

日吉信弘（2000）『代替的リスク移転（ART）——新しいリスク移転の理論と実務』保険毎日新聞社。

前田祐治（2014）監訳『ビジネス統計学 ——Excel で学ぶ実践活用テクニック』丸善出版。

前田祐治（2015）『企業のリスクマネジメントとキャプティブの役割』関西学院大学出版会。

森宮康（1997）『キャプティヴ研究』損害保険事業総合研究所。

ニコラ・ミザーリ著、丁野昇行訳（2002）『保険リスクの証券化と保険デリバティブ』シグマベイスキャピタル。

索　引

【著者略歴】

前田 祐治（まえだ・ゆうじ）

関西学院大学専門職大学院経営戦略研究科教授、博士（経営学）、同志社大学工学部電気工学科卒、インディアナ大学 MBA（ファイナンス）、滋賀大学経済経営リスク専攻博士後期課程修了。日本リスク学会奨励賞、日本地域学会田中啓一賞受賞。

ケンパーグループ・ランバーメンズ保険会社、マーシュ・ジャパン、東京海上日動火災保険会社、滋賀大学准教授を経て現職。

共著書に『キャプティブと日本企業 ──リスクマネジメントの強化にむけて』（保険毎日新聞社 2013 年）、単著書に『企業のリスクマネジメントとキャプティブの役割』（関西学院大学出版会 2014 年）、監訳書に『ビジネス統計学　原書 6 版　Excel で学ぶ実践活用テクニック』（丸善出版 2014 年）など。

装幀　土屋みづほ

関西学院大学研究叢書　第 243 編

企業リスクファイナンス
　リスクマネジメントにおけるファイナンスの役割

2022 年 3 月 31 日初版第一刷発行

著　者　前田祐治

発行者　田村和彦
発行所　関西学院大学出版会
所在地　〒 662-0891
　　　　兵庫県西宮市上ケ原一番町 1-155
電　話　0798-53-7002

印　刷　株式会社クイックス

©2022 Yuji Maeda
Printed in Japan by Kwansei Gakuin University Press
ISBN 978-4-86283-337-2